リサーチャーが永く使える
ビジュアル分析手法

答えはデータの中にある

THE DATA HOLDS THE ANSWER
TIMELESS VISUAL ANALYSIS METHODS for RESEARCHERS

経済産業研究所上席研究員
小西葉子

KADOKAWA

まえがき

私は霞が関にある経済産業研究所で、研究者をしています。その前は大学で働いていました。転職するときに、まわりの研究者から「日本で実証分析をするには一番の場所だね」と言われました。事実、公的統計から企業のデータまで、さまざまな種類のデータへのアクセスがとても良い研究所で「研究＝データを使う」という日々を16年以上送っています。

専門は統計学を基礎に人や企業のデータを分析する手法を開発し、実証分析をする**計量経済学**です。特定の経済学の分野を持たないので、自由にさまざまなトピックの研究をしています。最近では、「幅広くやってるね」と言われることが増え、日本でトップレベルに多種多様なデータを触ってきた「データサイエンティスト」と自負してもいいかなと思っています。

霞が関の中で研究を続けて、良かったなと思う点が2つあります。1つめは、社会課題に触れることが多く、研究テーマや仮説を見つけるときに政策を意識するので、社会貢献に直結しやすいことです。2つめが、霞が関の資料の作り方を学べることです。研究者も論文で日々グラフや表は作ります。ですが、白書や審議会の資料や教科書にそのまま採用されるクオリティのものなど、「国の資料」を作る人たちのシビアさ、職人技のような作りこみにはとうてい勝てないなと思います。その緊張感のそばで仕事をすることで、私の描くグラフのクオリティはどんどん上がっていきました。

ここ10年で、急速にビッグデータを活用できるようになり、社会科学においても**母集団に近い環境で統計解析が可能**となってきています。また生成ＡＩが大幅に進化し、図表を自動で作るだけでなく、そこから得られる解釈や示唆（インプリケーション）まで、自動生成できるようになりました。汎用的に広まるとまではいきませんが、多くの場面でデータやエビデンスに基づいてリサーチが行われるようになっていくでしょう。

政策の立案も、ビジネス上の重要な方針も、データをもとに意思決定を下すようになったことで、グラフを作るリサーチャーの責任はますます高まっています。より一層**データを適切に扱い、結果に責任を持つこと**が求められています。社会が、「ファクト（客観的事実）」に基づく意思決定を求めているからです。

この流れを汲んで、海外の大学では、データビジュアライゼーションのコースが統計学や計量経済学の講義から独立してできています。「グラフの描き方」が単体で科目になるなんて、一昔前なら想像もつきませんでした。

サブタイトルでは**「リサーチャーが永く使える」**としましたが、研究者だけに向けた本ではありません。デジタル社会では、クリエイティブ職も、マーケティング職も、バックオフィス職も、データに触れ、グラフを描いたり読んだりするひとは、みんなリサーチャーです。**私としては、一億総リサーチャー**だと思っています。

本書は、日本ではまだ体系的に学ぶ機会がなかなかない「データビジュアライゼーション」の視点、考え方、手法を紹介します。個別の統計ソフトの操作方法の解説はしませんが、5年先、10年先でもリサーチャーのサポートになるように、ずっと通用することを基礎から書いています。私が通ってきた回り道を皆さんが通らずに済むよう、20年前に私自身が教えてもらいたかったことをたくさん詰め込んだ実践書に仕上げました。

なんとなく、グラフ作成や実証分析は敷居が高いなと思われるポイントに、**「お作法」が（よくわからないがゆえに）難しそう**というのがあります。この点についても本書では、「なぜ」棒グラフより線グラフを使うか、「なぜ」単位を必ず載せるかなど、「なぜ」をたくさん説明しています。

各章で、消費、観光、デジタル経済、ふるさと納税、自然災害の備え……とたくさん身近なトピックを立て、実データを使用して分析を加える過程を明かしました。ステップを踏むように少しずつ複雑な分析も扱っていき、大切なことは繰り返し伝えています。章を追うごとに、リサーチャーに持っていてほしい統計学的思考とデータへの向き合い方が身についていくように書かれています。

第1章では、グラフを描くときに使う考え方と手法に絞り込んで統計学の説明をしました。統計学のことがよくわかっている人は読み飛ばしてもかまいません。めんどくさいと思う人も、読み飛ばしてもかまいません。

第2章では、集計の「粒度」を意識した分析です。自分が見たいことに合った集計をすると、よりわかりやすいグラフを描くことができます。

第3章~第5章では、出所の異なるデータを組み合わせて、解像度を上げる方法を紹介しています。単位を持たない指標に加工して、時間や地域の粒度を揃《そろ》えることで、出所が異なっても1枚のグラフに重ねることができます。

第6章では、新しい現象やデータ入手が難しい事柄についてのグラフ作りに挑戦しました。

第7章では、リサーチャーから質問が多い、回収率、回答率が高くなる調査票の作り方のコツについて書きました。直近でアンケート調査をする必要がある場合は、第7章から読み始めるのもよいです。


読み終えた後には、きっとデータやグラフだけでなく、**ものの見え方が変わる**と思います。

この本をきっかけに、グラフを描いたり、統計学に関心を持ったり、プレゼン資料が綺麗になったり……と、**永く使える道具**を手に入れてもらえたら嬉しいです。

答えはデータの中にある——目次

第2章 粒度を操れば見えてくる

第3章

データを組み合わせて解像度を上げる

第6章
データが少ない分野での戦い方

第7章

効果的なアンケート調査の極意

装幀・組版・本文図版／長谷川 仁（コマンド・ジー・デザイン）

第1章

魅力的なグラフを描くための準備

まずはデータの特徴を知る

統計指標の基礎知識

2012年頃からビッグデータの利用が進み、10年以上経過しました。ビッグデータを使った分析では、視覚化しながら分析することで、データの誤りを見つけたり、分析を深めたりすることが可能です。海外の大学では、すでに「データビジュアライゼーション」の講義が始まっています。グラフや表の作成は、分析の最後のイメージがあるかもしれませんが、統計を使って仕事をしている人たちが最初に描いているものでもあります。分析の多くは、ラフなグラフを描くことから始まり、そこから納得感や発見を得て、仮説を見つけて深めていきます。

この章では、グラフを描くときに必要な統計学の知識を説明し、グラフが統計的思考のツールになることを示します。統計学をマスターするのは大変ですが、**グラフ描画にはたくさんの統計知識はいりません**。ここでは、軸の範囲を決めたり、異常値を見つけたり、グラフの種類を決めたりして、わかりやすいグラフを描くための準備をします。

正しくグラフを描くためには、データが正しいことが大前提です。**統計指標は、入力ミスなどの間違い、自分の思い込みや勘違いに気づくためのツール**として便利です。そしてもちろん、データにどんな性質や特徴があるのかもわかります。慣れてくると、統計指標を見れば大体どんな形のグラフに仕上がるかまで、わかってきます。

「平均値」でデータの相場をつかむ

統計学の教科書で一番最初に出てくるのは平均で、その中でも一番有名なのは算術平均です。5個の数字があったら、その数字を全て足して個数で割って計算します。単位を持つ変数について計算すると、例えば身長だったらcm、給料だったら円というふうに平均値も単位を持ちます。**単位には特に注意を払ってください。**例えば、国家予算を分析するときには円では

図1　データのイメージと用語の指す意味

ID（アイディー）　変数名　単位

企業番号	企業名	売上額（万円）	従業員数（人）	資本金（百万円）
1	○○社	250	50	1,000
2	㈱△△	3,000	100	500
3	□□□	4,500	500	30,000
⋮	⋮	⋮	⋮	⋮
N				

サンプルサイズ（N）個数　数値　データ

なくて億円が単位になります。また国の人口も、人ではなくて百万人が単位になったりします。おなじ1234でも単位が円か億円か、人か百万人かでは大違いですから、数値と同じように単位も大事に扱います。**そして、グラフの軸には単位を必ず明記します。**

算術平均：「すべての数値の合計」を「数値の個数」で割ったもの

経済活動で得られる数値は、価格、売上額、年収など正の値になることが多いです。しかし、もちろん統計学ではゼロも負の値も想定しています。平均値は、数値と同じ単位を持ち、負、ゼロ、正の値のどれかになります。大事なことは、自分が分析する対象がどの範囲に存在するのかを、**前もって想像する癖をつけること**です。正の値しかとらないはずなのに、平均値がマイナスやゼロになってしまったら、**データを確認します。**

平均の仲間で、グラフを描く際に使うことが割とあるのが、加重平均と移動平均です。図2を使ってデータを、時間が一時点か複数の時点かという視点で分類してみましょう。

一時点とは、そのタイミングで調査可能な人や企業を調べて得たデータのことで、**横断面データ（クロスセクションデータ）**と呼びます。例えば、100企業の売上額のデータを持っている場合、売上額の合計を計算して100で割ると算術平均値が計算できます。

このとき、もし小さな企業の影響を小さくして、大きな企業の影響を大きくしたいなら、加重平均を計算すると良いです。

加重平均：「各数値ごと」に「加重（重みづけ）」をして合計したもの

加重は、規模を表す変数を使うことが多く、企業であれば従業員数、資本金、売上額や生産額等がよく使われます。この例だと、売上額以外が使えます。企業1の加重は、次のように計算できます。

加重1：「企業1の従業員数」を「全企業の従業員数の合計」で割ったもの

つまり、従業員規模が小さな企業の売上額の影響は小さく、大きな企業の影響は大きい平均値が計算

図2　データの種類（横断面と時系列）

いつの時点か必ず明記

2024年

企業ID	売上額（万円）	従業員数（人）
1	12,000	100
2	250,000	30
3	3,000	5
⋮	⋮	⋮
N		

サンプル数＝サンプルサイズともいう

横断面（クロスセクション）データ

何についてなのか明記

〇〇社

年	売上額	従業員数
2000	100	30
2001	150	5
2003	300	40
⋮	⋮	⋮
T		

サンプル数

timeのT

時系列（タイムシリーズ）データ

クロスセクション（N社）×タイムシリーズ（T時点）＝パネルデータ（N×T）← サンプルサイズ

されます。この視点で算術平均値を見ると、算術平均値は各企業に1／N（企業数）の加重を掛け合わせており、**規模に関係なく各企業を平等に扱っている**といえます。

次に、複数時点をふくむデータ（図2の右）についてです。例えば、企業を1社選び、売上額や従業員数の時間方向の変化を観察した**データを時系列データ（タイムシリーズデータ）**と呼びます。図3でA社の毎月のビールの販売額について見てみると、よく売れる夏場やお中元・お歳暮の時期と、それ以外の時期があることがわかります。毎月同じように売れる商品ですと、販売額を線グラフで描いてみても、上昇傾向か下降傾向かがわかりやすいですが、1年の中の売れ方に大きな周期性がある場合は、線がギザギザして傾向が見にくくなります。**このような周期性は季節性と呼ばれ、多くの経済変数で観察されます。**上昇か下降かの傾向が見たいときには、ギザギザを滑らかにする移動平均値を各月に対して計算して、グラフにすると見やすくなります。デメリットは、計算に前後の時点の情報を使うので、グラフにプロット（描画）する期間が短くなることです。

例えば、3か月移動平均値の場合は次のようになります。

今月の移動平均値：（前月＋今月＋翌月）を3で割ったもの

今月の値に前後の月の情報が入ることで、ギザギザを滑らかにすることが目的です。

3種類の平均値を紹介しましたが、グラフを描くためのデータのチェックには、**算術平均値を覚えておけば十分です。**

「最小値」と「最大値」でデータの相場をつかむ

算術平均は簡単に計算ができて、便利な統計指標ですが、ビッグデータ時代では、真ん中だけ知りたいというよりも分布（データの姿）を意識して全容を理解することが求められます。**何をすればよいでしょうか。**最初の一歩は、すごく簡単で小さい順（昇順）か大きい順（降順）に並べて**一番小さい数値（最小値）**

図3 3つの平均と移動平均のイメージ

算術平均 **算術平均値** ＝ すべての数値の合計 ÷ 数値の個数

加重平均 **加重平均値** ＝（加重1 × 企業1の売上額）＋（加重2 × 企業2の売上額）＋ … ＋（加重N × 企業Nの売上額）

加重1 ＝ 企業1の従業員数 ÷ 全企業の従業員数の合計

移動平均 **例 3ヶ月移動平均値の計算：** 今月の移動平均値 ＝（前月 ＋ 今月 ＋ 翌月）÷ 3

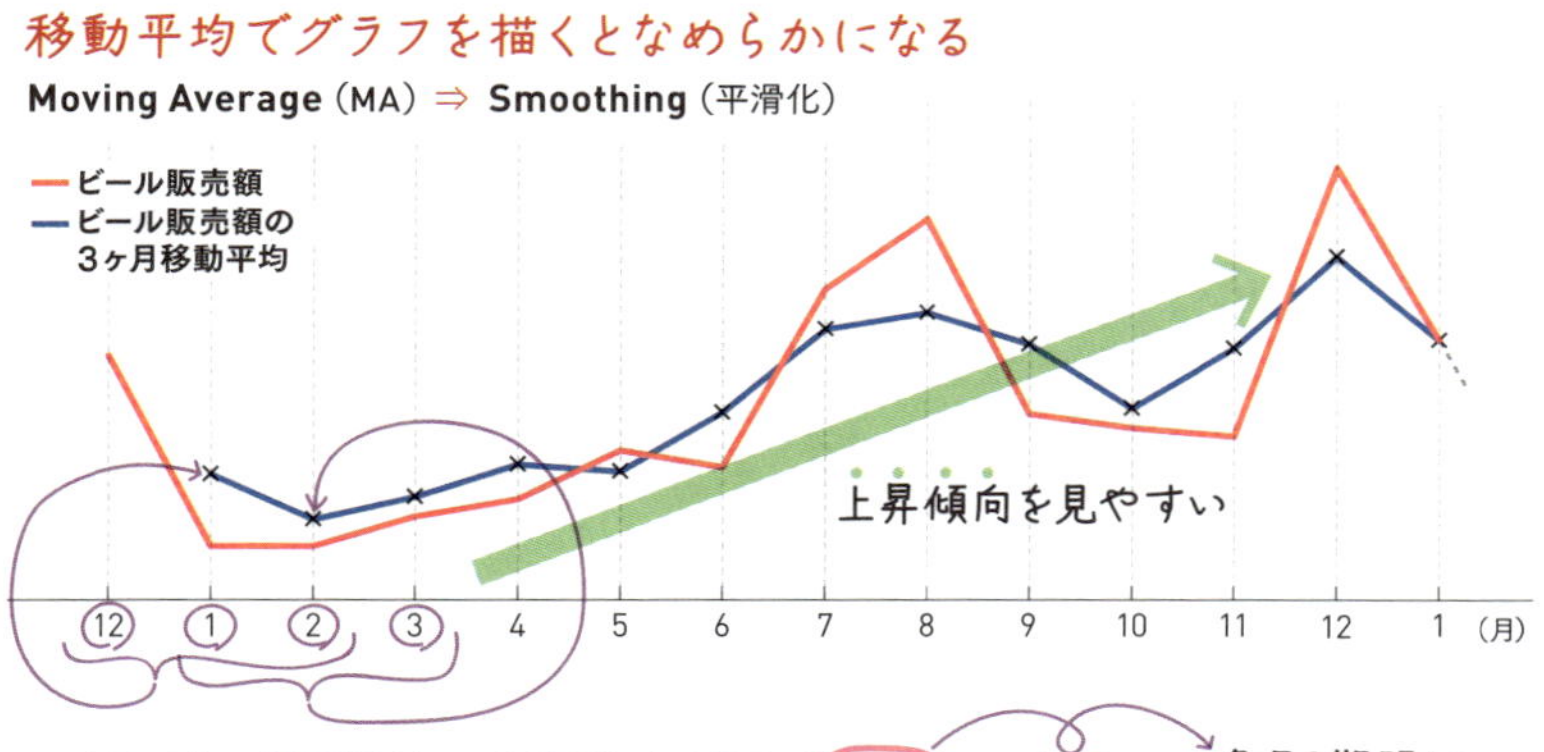

1月のビール販売額MA ＝（ 12月分 ＋ 1月分 ＋ 2月分 ）÷ 3ヶ月
2月のビール販売額MA ＝（ 1月分 ＋ 2月分 ＋ 3月分 ）÷ 3ヶ月
3月のビール販売額MA ＝（ 2月分 ＋ 3月分 ＋ 4月分 ）÷ 3ヶ月

各月3期間に影響を与える。

と一番大きい数値（最大値）を知ることです。これらはとても便利で、統計指標の中で私の一番好きな指標です。特に、極端な値（＝異常値）は端っこに現れるので、**最小値と最大値は、異常値を見つける点では、平均値よりも活躍します**し、自分の持っている**データの存在範囲**を教えてくれます。つまり、**グラフを描く前から、軸の値の範囲を決めることができます。**

私は仕事で研究者、政府機関、民間コンサルタントの方たちの分析結果にコメントをする機会が多いです。その際、**最初に見るのが統計指標をまとめた記述統計表です。**まず平均値を見て各変数の相場をつかみ、次に最小値と最大値のチェックをします。そこで、①体重のようにゼロや負の値が存在しないはずなのに、最小値がゼロや負になっていたり、②冷凍庫の温度のように正の値がないはずなのに、プラスがあったり、③サラリーマンの年収の中に大谷翔平選手のような人が入って、最大値が異様に大きかったり、④成人の体重の中に小学1年生の体重が入って、最小値が異様に小さかったりしていないかを見ます。①と②があれば「データが間違っていないか」を質問しますし、③は平均値が想定より大きい、④は想定より小さくなりすぎているはずなので、次に説明する**中央値と平均値の比較**をします。統計分析では、グラフは共有できてもデータは渡すことも見せることもできません。**自分が持っているデータの特徴について、誠実に他人に示す責任があります。**

「中央値」は「平均値」より頑健（ロバスト）

平均値は全ての数値を足し合わせてその個数で割るので、**全てのサンプルの情報が入ります**。一方、**最小値と最大値は、一番小さい値、一番大きい値とそれぞれ1つの数値の情報**です。中央値は昇順や降順にデータを並べ替えて、上からちょうど半分の個数の値です。奇数個のデータのときは、真ん中の数値が1つとれますが、偶数個のときは、100個のサイズのデータの49番目と50番目を足して2で割ったのが中央値です。算術平均は全部足すので、1つでも異常に大きかったり、小さかったりする数値があると、影響を受けます。一方で、**中央値は個数を数えて真ん中にある値なので、異常値や外れ値の影響をほとんど受けません**。この性質を使って平均値と中央値の値が近いかどうかをチェックすれば、異常値や外れ値があるかどうかを調べることができます。

平均値と中央値の値が同じか、ほぼ同じとき

- 異常値や外れ値を気にしない
- 分布（ヒストグラム）が左右対称

平均値が中央値より大きいとき

- 極端に大きな数値（異常値や外れ値）が含まれている（③のケース）
- 異質なものが含まれているかも
- データにミスがあるかも
- 分布（ヒストグラム）が左に偏り右に歪んでいる（右裾が長い）

平均値が中央値より小さいとき

- 極端に小さな数値（異常値や外れ値）が含まれている（④のケース）
- 異質なものが含まれているかも
- データにミスがあるかも
- 分布（ヒストグラム）が右に偏り左に歪んでいる（左裾が長い）

平均値より中央値の方が実感にあっていることが多いので、私は必ず中央値と比較し、平均値を使ってＯＫか確認します。２つが似ていれば迷わず分析を続けますが、もし、大きく離れていたら、次の分散・標準偏差からも情報を得て、対処しましょう。

統計学や統計指標は難しくてよくわからない、覚えることがたくさんで大変と感じてしまうかもしれません。**最初は少ない指標を使い倒して、**少しずつ「どうしてこの指標はあるんだろう？」と役立ちポイントがわかると、身近に感じられると思います。

「分散」と「標準偏差」で平均まわりを調べる

平均値や中央値は、自分の持っているデータが大体どの辺りに集中しているかを教えてくれる、住所のような役割です（図4の上）。でも、図4の下のように、平均値が同じでもデータの分布の特徴が異なる場合が多々あります。データA、B、Cの違いは、平均まわりにどれくらいデータが集中しているかで、ばらつきが小さい順に、データA、B、Cです。**この形の違いを教えてくれるのが、分散と標準偏差で、ばらつきについての指標と呼ばれます。**

図5より、サンプルサイズN＝5人の年齢のデータの分散を計算しましょう。

まず、平均値は30歳です。

次に、各個人の年齢から平均年齢を引きます。これが「偏差」です。

偏差：個々のデータと平均値の差をとる

これを人数分（5人）足し上げると……ゼロになります。

偏差の和は必ずゼロになります。自分が決めた真ん中（平均値）からの各数値の差（距離）なので、相殺されるからです。どんなデータを持ってきてもゼロになるので、このままでは使えず困ります。そこで、各偏差の値を2乗します。2乗することで、各数値と平均値がどれくらい離れている距離の大小関係はそのままに、指標化するのが**「偏差平方和」**です。

偏差平方和：各「偏差」を2乗することでプラスの値にしてから、すべて足す
分散：「偏差平方和」をデータ数で割る

分散には2種類あります。

- 全ての数値（母集団）を入手できているとき

図4 平均値とばらつき

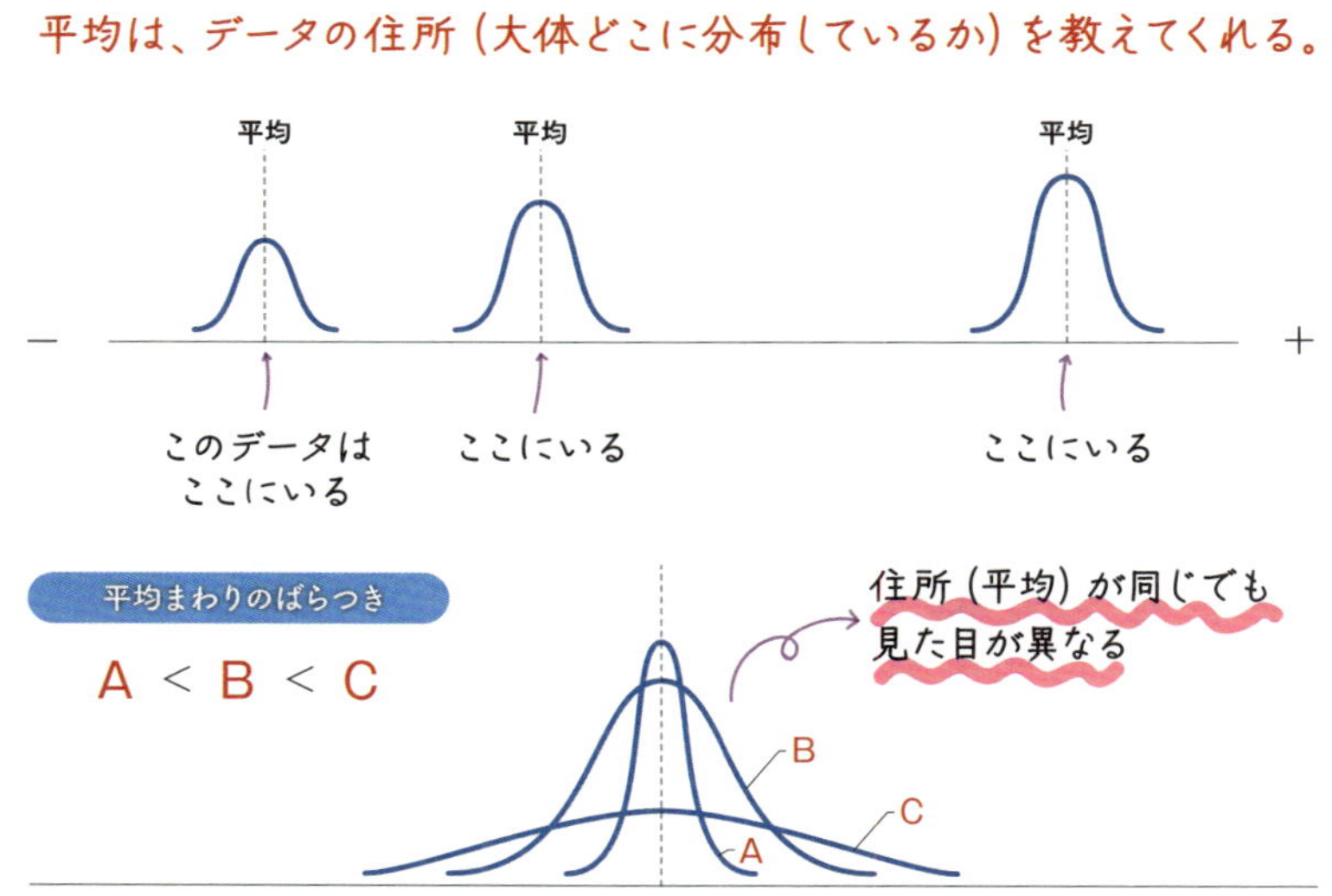

は「母分散」

- 一部のサンプルしか持っていないときは「標本分散」

ここから先は、分散を例に母集団と標本の話をしますが、**読み飛ばしても大丈夫です。**

各数値が属している源を母集団とすると、ビッグデータになろうとも母集団の一部を入手していると考えるのが自然です。母集団の一部をサンプルと呼び、日本語では標本や観測値といいます。私たちが入手出来て計算できるのは、一部の状態なので、資料や会話ではわざわざ標本と付けて標本分散と呼ばずに「分散」と呼ぶことが多いです。母集団に対して、偏りのない計算結果にするための調整でサンプル数から1を引いた数で割り、別名「不偏分散」と呼びます。これでサンプルサイズの大小に関わらず統計的に性質の良い

図5　分散の計算

アイディー（id）　iは添字（x_i）　xの平均（$\bar{x}$）

個人番号（id）	年齢 x_i	偏差 $x_i - \bar{x}$	偏差の2乗（平方） $(x_i - \bar{x})^2$
1	40	10	100
2	20	-10	100
3	10	-20	400
4	30	0	0
5	50	20	400
合計	150	0	1,000

N=5（個人番号1〜5）

偏差平方和（1,000）

偏差の和はいつも必ずゼロ

平均（$\bar{x}$）＝（40＋20＋10＋30＋50）÷ 5 ＝ 30

母分散　＝ 1,000 ÷ 5 ＝ 200　（1,000：偏差平方和、5：N）

標本分散　＝ 1,000 ÷ 4 ＝ 250（不偏分散とも呼ぶ）　（1,000：偏差平方和、4：N－1）

分散が計算できます。標本に対して、母分散をそのまま使うと、偏った分散になり「偏分散」と呼ばれます。もし、覚えられそうなら「不偏分散」を使い、今はまだ覚えたくない場合は、「偏差平方和」をサンプルサイズで割ると覚えていればＯＫです。

統計学的な厳密さに目をつぶりながらも、違いを考えてみると、違いは１を引くかどうかなだけです。これが大きな影響を与えるときはどんなときでしょうか？　答えは、サンプルサイズが小さいときです。「偏差平方和」が１０００で、サンプルサイズが５のときに、偏分散は２００、不偏分散は２５０となります。一方で、サンプルサイズが１０００のときは、偏分散は１、不偏分散は１・００１００……と違いが小さいです。

分散は、偏差の２乗の総和をサンプルサイズで割るので、**サンプル１個あたりのばらつき具合になります。**付け加えると、**２乗するので、必ずゼロ以上で、単位も２乗になります。**分散は、サンプルサイズと単位が同じときに、値が大きいとばらつきが大きい、小さいとばらつきが小さいというように比較が可能です。

実際にデータを使って統計分析を始めると、ばらつきの指標としては**「分散」よりも圧倒的に「標準偏差」を使います。**

標準偏差：分散の平方根（ルート）

　不偏分散が250の場合、平方根は15・811……になります。標準偏差もゼロ以上となり、**分散の単位の2乗は単位の1乗に戻ります**（例：才の2乗→才）。偏差の和はゼロになるので、2乗し、分散を計算し、ルートをとって元に戻すと覚えてください。ただし、分散と同じで、サンプルサイズが異なるときや単位が異なるときは大小関係を比較できません。

　標準偏差は、分散より便利そうだというのがわかりますが、加えてもう1つ便利な使い方があります。

　データが単峰（ピークが1つ）で左右対称な**正規分布**に従っているとき、標準偏差に係数を掛けたものを平均から引いた数値、足した数値がデー

図6　データの存在範囲

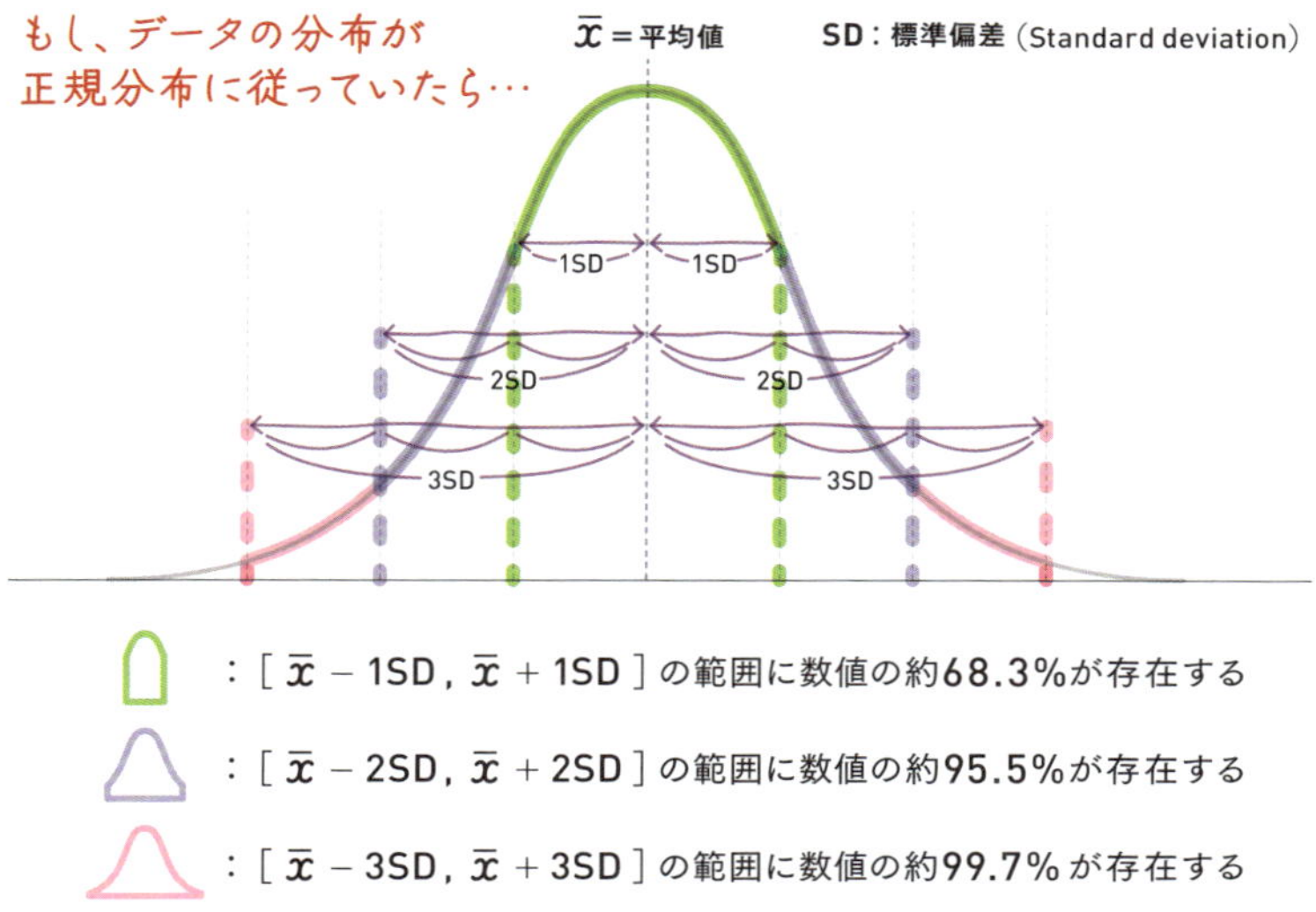

タの存在範囲を教えてくれます。「最大値－最小値」は範囲（レンジ）と呼ばれ、全ての数値が含まれるので、狭まりますね。この3つ目の±3が係数の場合を3標準偏差と呼び、入力ミス等による異常値や、極端に大きいか極端に小さい外れ値があったときに、**データから削除する基準**として実務ではよく使われます。図6のピンクの範囲の内側に99・7%のデータが存在するので、それより外側の値になるサンプルを削除するという考えです。

ただし、自動的に削除せず、必ず目で確認しましょう。例えば私は、外れ値の場合、最大値だけ削除したくても、必ず最小値も削除します。これは左右対称を保つためでもあり、「本当に削除していいのか？」をリサーチャーが再度自分に問う時間だと思っているからです。データに何かをするときは、理由が必要です。**理由もなく都合がいいように数値を変えたり削除したりしては絶対にいけません。**私の場合、幸いにもここ20年以上外れ値の削除はしていません。

分散や標準偏差でグラフを描くことはほとんどないですが、金融工学の分野では株価や金利のばらつきをボラティリティと呼び、分散に関心があります。ここで、分散を説明したのは、次の共分散と相関係数の理解のためです。

2種類以上のデータ同士の関係を知る

「共分散」でばらつきの関係性を見る

ここまでは、1種類のデータの特徴を知るための指標について説明しましたが、統計分析の便利な点は、異なる2種類以上の関係も見られることです。1組（2つ）のデータ間の関係を見るための指標に、共分散と相関係数があります。

たとえば、いまN個の企業について、従業員数（X人）と売上額（Y円）のデータがあるとき、XとYについてそれぞれ平均値を計算し、各企業の数値から引いて偏差を計算します。各企業のXの偏差とYの偏差を掛け合わせて足し合わせ、企業数で割ったのが共分散です。図7の分散の式とよく似ていますね。分散は人の2乗が単位になりますが、共分散は人×円が単位になります。図7のように共分散は、2つの変数間の線形関係の傾きが正か負かを教えてくれます。

共分散：（Xiの偏差）×（Yiの偏差）の総和を企業数で割る

Xiの偏差（Xi－Xの平均）は、ゼロ、正、負となり、Yについても同様なので、共分散はゼロ、正、負のいずれかの値になります。今までXの世界しか見ていなかったけれど、もう1変数Yがあった場合、それぞれのばらつきの関係を見ましょうというときに使う変数です。共分散でも分散のときに平方根をとって扱いやすくするような作業ができないか、考えます。

「相関係数」は単位を超えて標準化する

相関係数は共分散を標準化したものです。

図7　共分散のイメージ

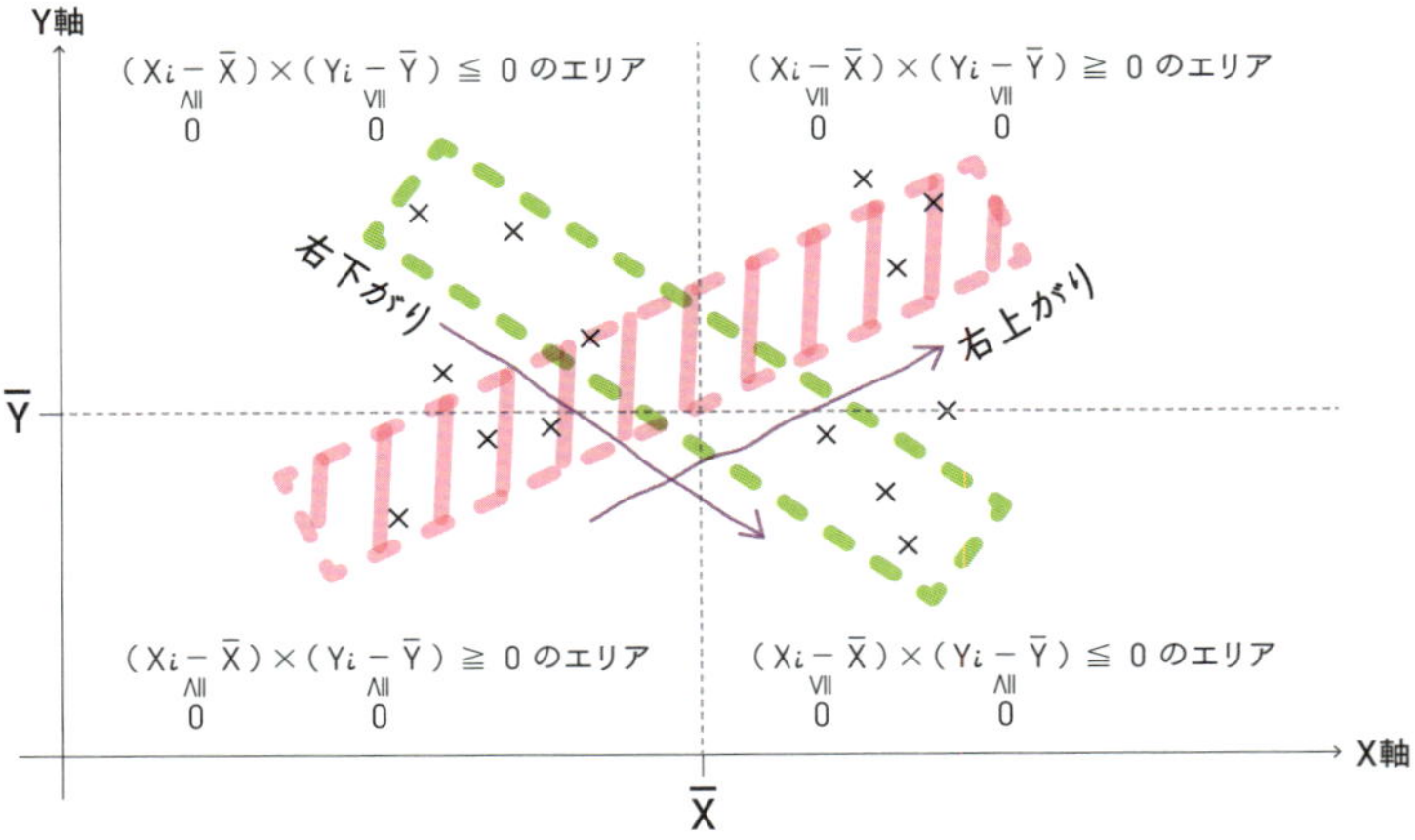

共分散 ＝ {（X_i － Xの平均）×（Y_i － Yの平均）のN個の和} ÷ N

分散 ＝ {（X_i － Xの平均）×（X_i － Xの平均）のN個の和} ÷ N

相関係数：「2つの変数が一緒に変化する度合い（＝共分散）」を、「それぞれの変数がどれくらいバラついているか（＝標準偏差）」で調整した値

数式で書くと、図8の下のようになります。分子も分母も皆さんが知っているものですね。Xが従業員数（人）、Yが売上額（円）のとき、分子の共分散の単位は人円、分母の単位も人円になり、約分されて単位が消えますね。単位が無い統計指標のことを無次元数と呼びます。単位がないので、**相関係数はどんな単位のデータの組でも比較可能です。**

また、この計算をすることで、「相関係数はマイナス1から1の範囲をとる」ことが保証されます。

相関係数が正のとき：XとYは右上がりに分布し、増減の方向が同じ。1に近いと直線に近い

相関係数が負のとき：XとYは右下がりに分布し、増減の方向が逆。マイナス1に近いと直線に近い

相関係数は2変数間の線形関係の傾きと強さを教えてくれる指標です。マイナス1や1に近

いと線形性が強くなります。相関と因果の違いには注意しましょう。

相関関係：線形関係である。XとYの双方向の関係（X⇕Y）

因果関係：ある原因XによってYが起こるといった「原因⇓結果」の関係（X⇓Y）

もう一度、図7の共分散の式を見てみましょう。XとYの偏差の掛け算の形ですね。掛け算は順番が入れ替わっても結果が同じになります。つまり、ついつい私たちは主従関係や因果関係をXとYの2つの変数に求めがちですが、共分散と相関係数の数式は、それらがないことをはっきりと私たちに教えてくれています。

相関係数の範囲からわかるように、0にもなり、その際は相関（線形関係）がないと考えます。しか

図8　相関係数が0のときの例と相関係数の式

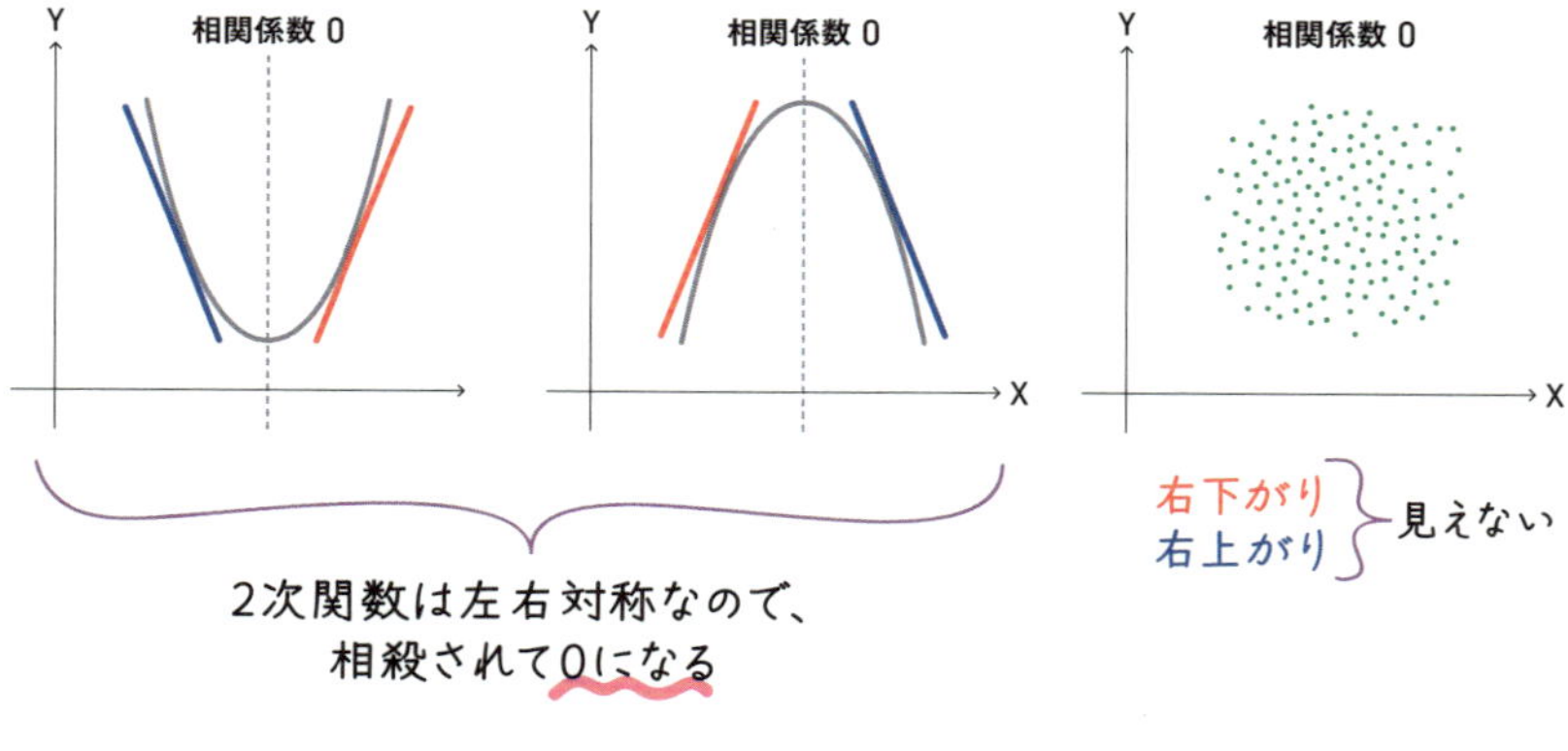

$$相関係数 = \frac{XとYの共分散}{Xの標準偏差 \times Yの標準偏差}$$

し、**2つの事柄（変数）の関係は線形関係だけではありません。**例えば、観光客の数（X）と満足度（Y）の関係で、観光客が少しずつ増えているときは、人気がある賑やかな場所に来られた満足度がどんどん上がるけれど、増えすぎると混雑により満足度が減少するようなときには、上に凸の2次関数になるでしょう。相関係数は2変数が2次関数の関係にあるときはゼロ、またはゼロに近い値をとります。

繰り返しになりますが、相関係数は世の中のさまざまな関係の中の、**線形関係の強弱を見ているだけなので、必ず散布図を描いて2変数の関係を見て欲しいです。**

統計学は、単純化、基準化、標準化ができないかをよくよく考える学問です。なぜでしょうか？　異なる母集団から生成されるデータ同士を、なんとか客観的に比較できるようにし、誤解がないよう議論し、意思決定の根拠にしたいからではないかと私は感じます。そして、そのように取り扱った指標やデータで作図することが、グラフを描くうえで必要です。

説得力のあるグラフを描くための統計的思考

グラフを描くのは仕上げ作業ではない

先ほど、グラフは分析の最後のパートだけではなく、最初にこそ描くものだと言いました。私の場合は、①どんなデータか知るため、②どんな分析手法を使うか決めるため、③自分が気づいていないことがないか知るために、**ラフなグラフを最初にどんどん描きます。**描かずにいきなり回帰分析やクラスタリング分析などに進むことは、どんな食材を持っているか知らずに、料理を始めるくらい、大胆なことです（やめましょう）。そして、ラフなグラフをたくさん描いて練習しているからこそ、分析の最後を飾るグラフがより洗練され、情報量が多く、説得力のあるものになります。

データを束ね、指標を計算する

平均や分散などの統計指標の計算は、加工していないデータ（原データ）をそのまま使います。一方で、グラフを描く際には、集計したり、指標を計算することが多いです。原データを使った描画に適しているのは、**線グラフと散布図**です。

データを集計する際の主な分類は、地域、性別、年代、年収、学歴、婚姻状態、職種、業種、従業員数などです。地域×年代というように複数の分類で**クロス集計**もできます。クロス集計は発見が多いですが、集計すればするほど細分化され、各項目のサンプル数は少なくなりますので、**まずは1つの分類で集計しましょう**。集計は粗いほど、項目に含まれるサンプル数が多くなり、それぞれの違いや変化が相殺されてグラフが平滑化されます（マイルドになります）。粗い集計でも差や変化が大きいときは、細かく集計すると、よりはっきりと違いが見えます。集計した結果をグラフで見るときは、変化や差が小さかったら細分化して集計する、大きな変化が見えたら何か大きなショックがあることを疑う、と試行錯誤を繰り返します。集計の粒度や指標の選択のためにグラフを描く癖をつけましょう。

空間方向の集計：（粗い）**都道府県 ⇕ 市町村**（細かい）
時間方向の集計：（粗い）**年集計 ⇕ 四半期集計 ⇕ 月集計 ⇕ 日集計**（細かい）

最初は「線グラフ」にプロットしてみる

「データを入手して、グラフを描く！」と決めたら、**まずは線グラフ**でプロットして、極端なでこぼこがないかを探します。でこぼこが見えたら、変化率を取ったり指数化したりして、でこぼこの程度を評価します。評価は、普段（平常）よりどれくらい高いか低いか、過去との比較、地域や業種や品目での比較もします。

でこぼこを探すということは、でこぼこしていないことを探すことでもあり、ない場合は安定的だと言えます。しかし、集計が粗すぎて見えていない場合もあるので、本当にでこぼこがないのか、集計が粗すぎて消えているのかを確かめます。こういう考え方は、探索的な思考で、何を探索しているかというと、**分析に適した分類や集計の程度**です。どうしてそんなことをするかというと、リサーチャーは「評価」を正しく行うために、自分のしたことが妥当だったか、何を見ていることになっているのか「識別」しなければならないからです。

「地図」は見栄えはいいが、読み取りが難しい

地図は、散らばり具合や集積具合を見て、情報を抽出しながら作成します。わかりやすいですし、描き上げた達成感もありますが、色や凡例を決めるのも、結果を読み取るのも難しい図の1つです。そんなときは、順位の表も作ると解釈しやすくなります。地図は見栄えはいいのですが、結論に使うのは難しいです。

図9の地図は世界銀行の「The Global Findex Database 2021」を使って描いています。東アジアとASEAN諸国に注目しましょう。地図だとこういう、フォーカスが容易にできます。

「散布図」は1枚に豊富な情報を重ねられる

2つ以上の変数の関係を調べたいときは、散布図が便利です。散布図は最初にラフにどんどん描く系でもあり、大切な結論パートを担うグラフでもあります。私は、**分析の最後を締めくくるグラフは散布図がベスト**だと思っています。散布図は点でプロットしますが、縦軸と横軸

図9 コロナ禍のデジタル決済比率（15歳以上）

全世界

COVID-19禍

（2021,2022年）

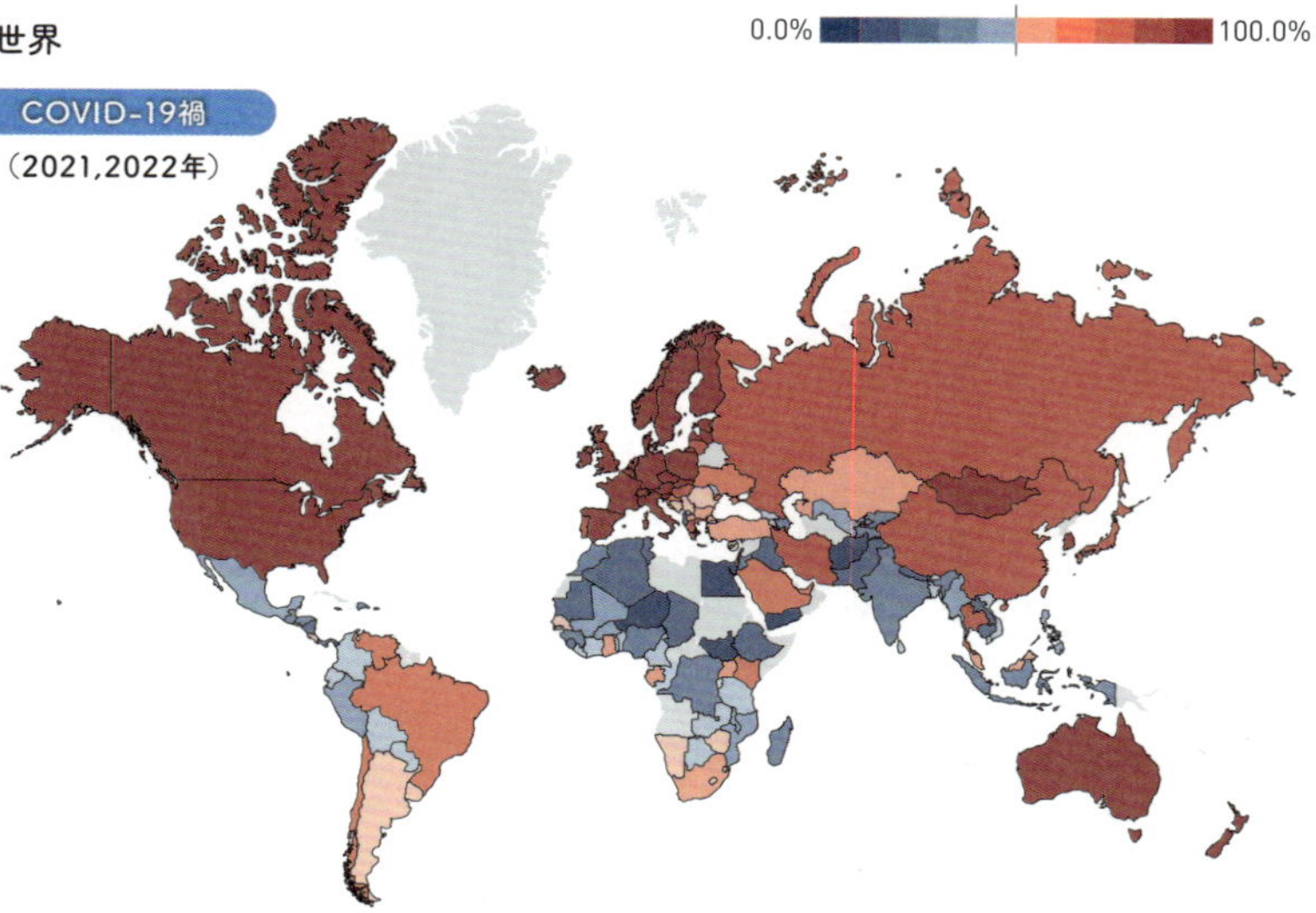

アジア

COVID-19禍

（2021,2022年）

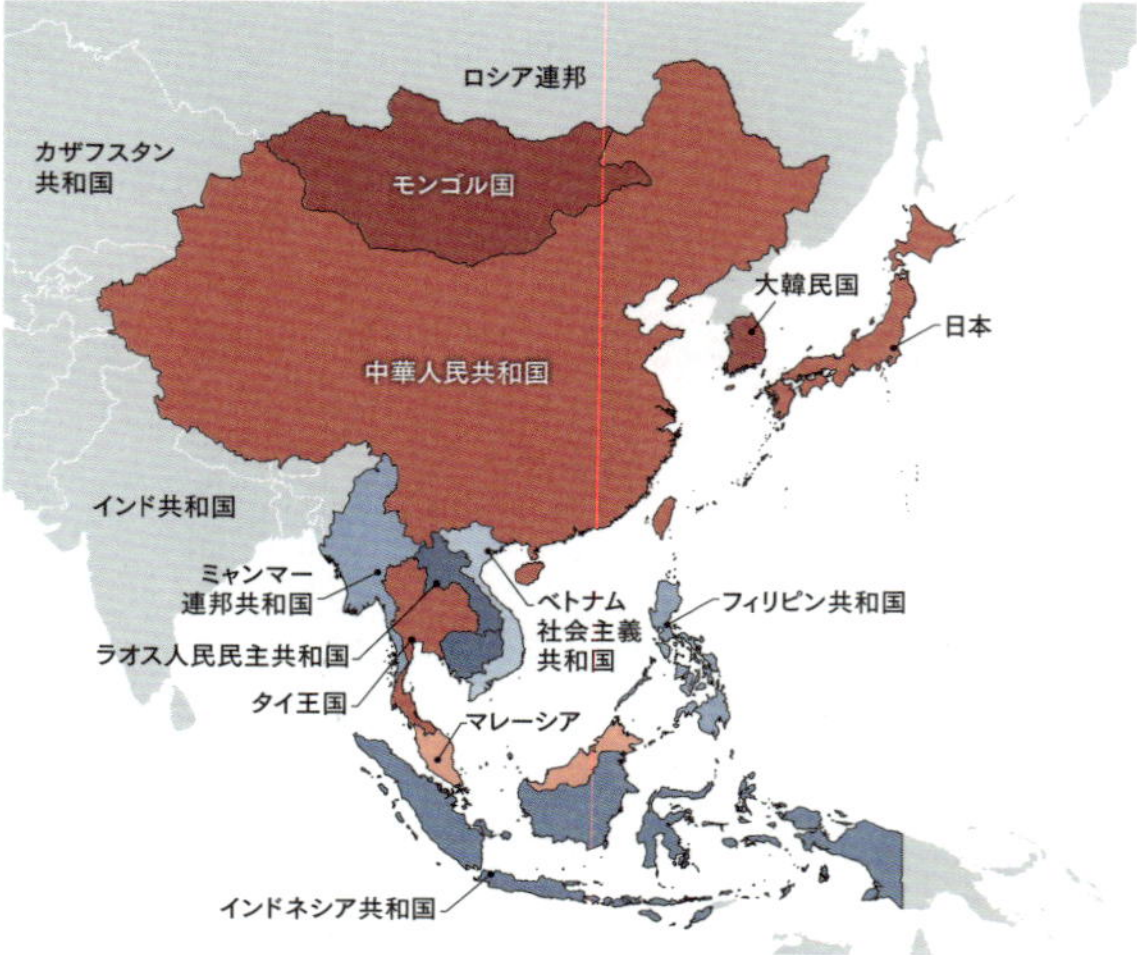

データ：世界銀行の「The Global Findex Database 2021」を使用／©2024 Mapbox ©OpenStreetMap

に選んだ変数の関係が見られます。線形に見えれば、相関係数や回帰分析の統計分析に進むのが妥当なことがわかりますし、とりあえずは見えないけれど、変数変換すれば見えそうだと当たりもつけることができます。つまり、**原データにどんな集計や加工をしたり、どんな分析をしたりすればよいかを教えてくれます**。また、**45度線を加える**ことで、線より上か下かとサンプルを二分できますし、共分散のところでやったように、**縦軸の平均値、横軸の平均値で分割して4象限を比較する**こともできます。こういう工夫を自分の定番にして、分析の結論にすることもできます。また、点ではなくてバブルにして第3の情報を重ねる、ついでに色も変えて4つ目の情報を重ねることでも、特徴が見えやすくなります。

図10　制度の利用状況と生活の満足度（Well-being）の関係

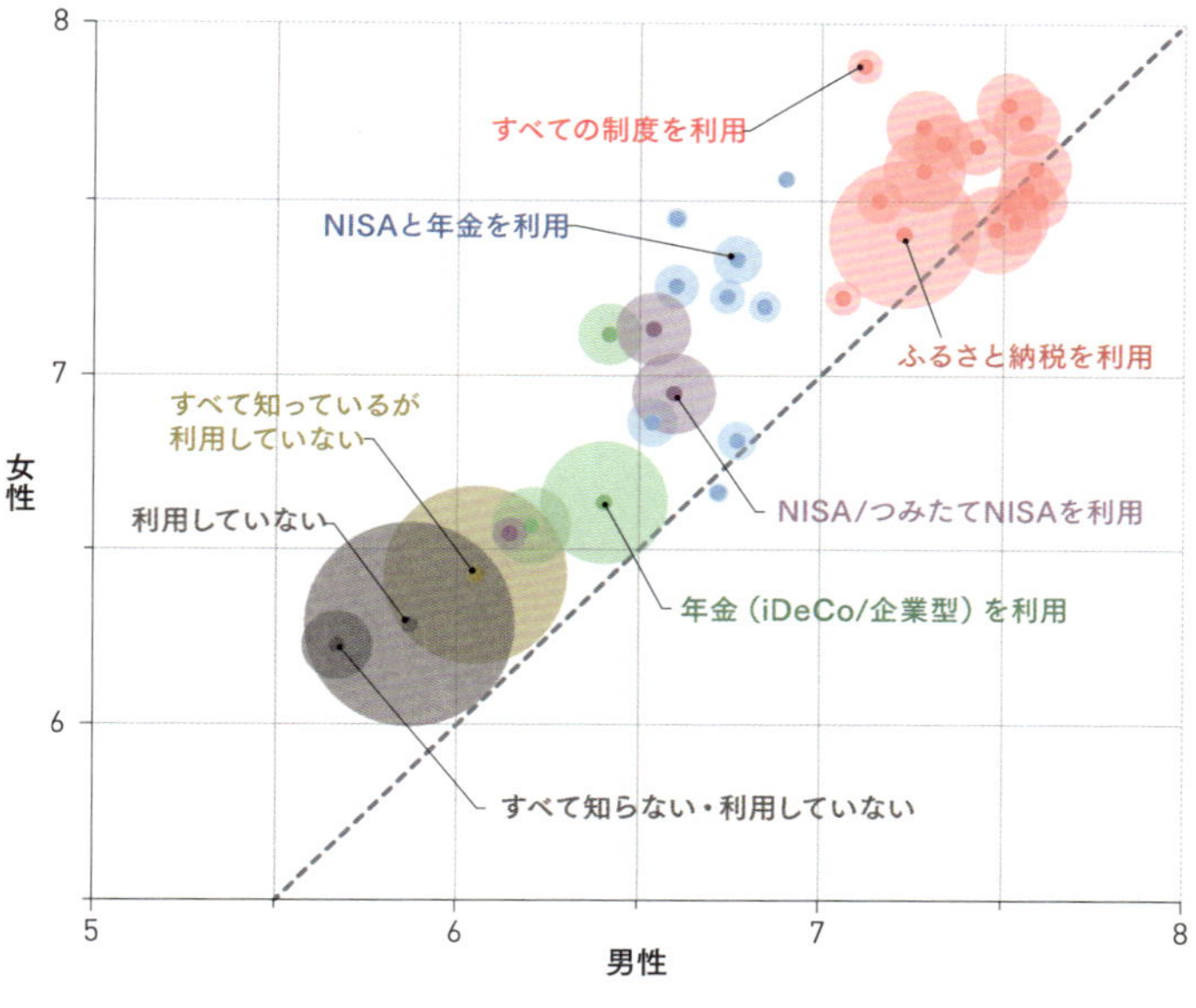

※バブルの大きさは、男女合計の人数
データ：筆者ら独自の「制度の利用に関するアンケート（2023年）」を使用
対象者：有職者、年収300万円以上の20~64歳男女／サンプルサイズ：n=50,788

個人的には、二次元のグラフに、これでもかと情報が重なっているのを作るのも見るのも好きです。情報量が多いと、グラフを理解する（読む）楽しみもありますし、自分の能力が上がると読み取れるものも増えてきます。もちろん、グラフは説明文がなくても自立して1枚だけで理解してもらわなければいけないので、必要な情報はきっちり入れる必要があります。

「棒グラフ」と「円グラフ」は情報が限られる

棒グラフは学校で最初に出てくるので、ラフに描くグラフでたくさん描きそうですが、時間方向やカテゴリごとの変化を見にくいので、私はほとんど使いません。円グラフも使いみちが比率に限定されるので、ほとんど使いません。棒グラフと円グラフは表現できる情報が限られるので、**しっかり何を伝えたいか決まった場合に、結論で使うグラフ**です。

アンケート結果の報告書などで、各トピックの下に似たような棒グラフや円グラフがいくつも並ぶ書類を見たことがありませんか？　いくつもの項目やグラフの間を行き来しながら傾向を読み取らなくてはならないので、見る人に優しくありません。

「レーダーチャート」は視覚的に気づきを得やすい

レーダーチャートはアンケート結果やDI（Diffusion Index 詳しくは第3章で扱う）などの指標を見るのに便利です。時間方向に見てもいいですし、業種や地域方向に見るのもいいです。線グラフが水平方向に見るのに対して、レーダーチャートは**時計回りに見るので比較もしやすく、気づきが得やすい**です。また、線を複数描くと地域の違い＋時間方向の変化を見ることもできますし、基準値を点線で加えると各地域との差も見えるので、工夫しがいがあります（ただ、最初からレーダーチャートを描くことは稀です）。

図11　2019年～2022年の4～6月期の地域別業況判断DI（宿泊業）

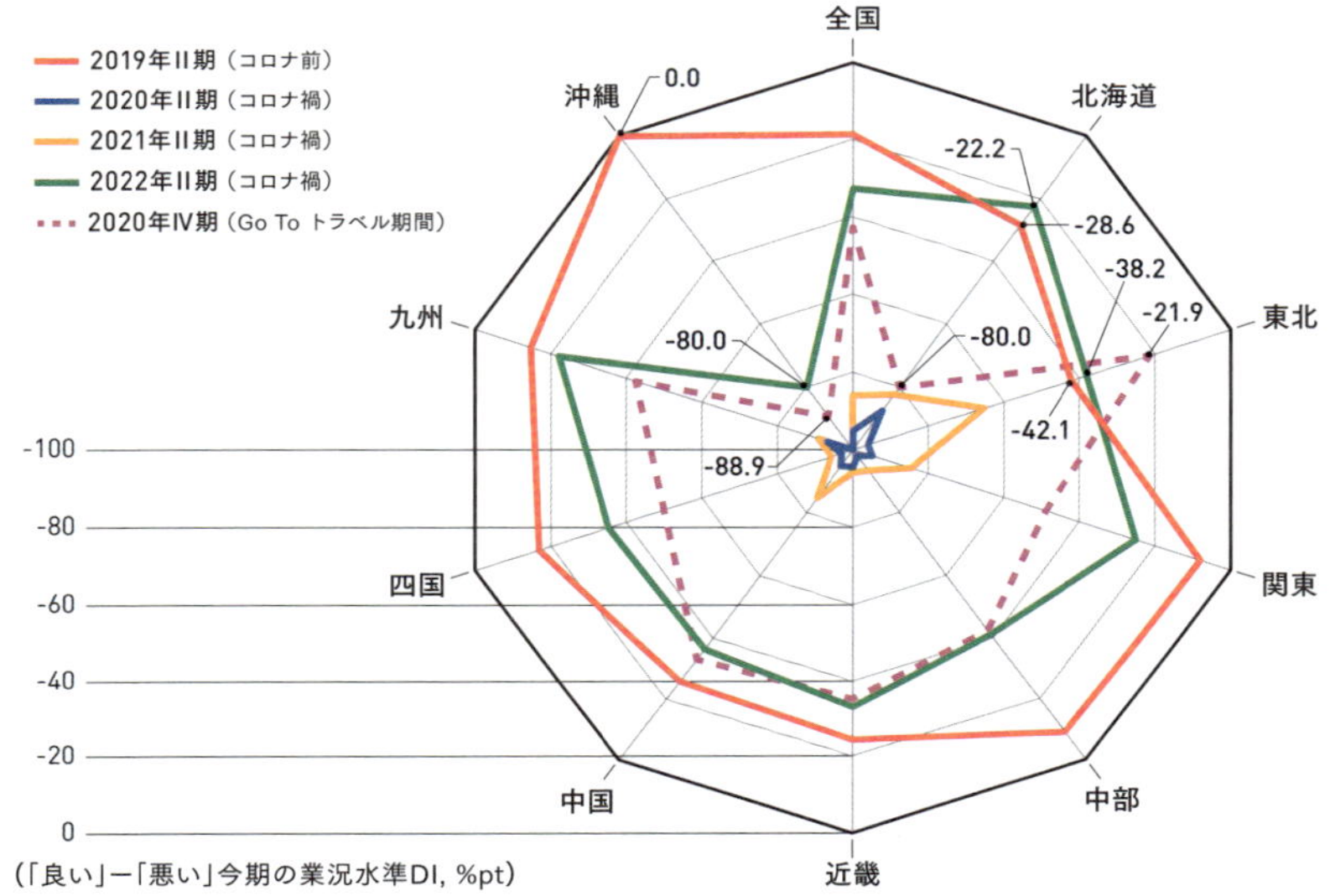

データ：中小企業基盤整備機構の「中小企業景況調査」を使用

気づける人は「じゃない方」を考える

「売れなくなったもの」は何を表しているか

新型コロナウイルスへの対応のため、最初に異変がおきて、一番生活に浸透したのはマスクで、「POS（Point of Sales、販売時点情報）」で計算すると、コロナ禍での前年同週比は2000％を超えました。他にも手指消毒剤、ぬれティッシュなど感染予防品はたくさん売れましたし、売れすぎて品薄になると、代替品もたくさん売れました。爆売れしているものを調べるのは、現状を把握して品薄を解消するためです。その際、「そんな中、売れなくなったものはなんだろう？」という視点を持つと、コロナ禍という状況がよりわかるようになります。私は実体験から、「化粧品がいらなくなったな（外に出ないから）」と思い、調べました。化粧品とひとくちにいっても、さまざまな種類がありますが、メイクアップ品でもマスクの外の目のまわりよりも、口紅やファンデーションなど、マスクで隠れる部分の品目が販売減でした。

第1回目の緊急事態宣言ではステイホームが奨励されていましたが、外出自粛率なんていう公的統計調査はありませんでした（いまもありません）。携帯電話の位置情報のデータを使えば、わかるのかもしれませんが、入手が困難でした。そこで、売れなくなったものから、「人が家にいる」「外に出なくなった」ことが探せるのではと思いつきました。それらが外出自粛やステイホームの（弱いかもしれないけど）エビデンスになると思ったからです。材料がないときに、他の食材で代替して料理するように、**違う目的で収集されたデータから、何か新しいことを発見**できないか探索するのもリサーチャーの腕の見せ所です。

結局、もともと見ようとしていたことより、**「じゃない方」で描いたグラフの方が、より実態を理解できる**ことが多々あります。そうなると説得力があるため、人気のある（関心をもってもらえる）グラフになります。**「じゃない方」があるのか、それは何なのか、どこなのかを調べるためにグラフを使う**といいでしょう。

じゃない方を見つけやすいグラフの種類：線グラフ、地図、順位表、レーダーチャート

「欠損値」と「サンプルセレクション」がある

じゃない方を見るのは、ものの見方の話ですが、ここからは、そもそものデータの源泉についても考えてみようという話をします。

リサーチャーが観察できないこと

観察対象の当事者（個人や企業）は当然知っていることでも、**リサーチャーには観察できないことは多々あります。**そもそも調査項目に入っていない事柄は知ることができないですし、入っていても回答がなければ、やはり知ることはできません。存在するけれど観測されずデータに欠落があることを「欠測値」と言います。

誰にも観察できないこと

観察対象の当事者にも観察できないことがあります。「え？　自分のことなのに？」と思うかもしれませんが、時間を固定するとすぐにピンとくると思います。例えば、スポーツジムのダイエットプログラムの効果を計測したいとき、同一人物については「参加」か「不参加」のどちらか一方の効果しか観測されません。政府の補助金、教育の効果についても同様です。こういう、当時者であっても観察できないことを**「欠損値」**と呼びます。

正しく効果を計測するには、同じ人が何かを「したとき」と「しなかったとき」を**同時に観察**できる必要がありますが、通常は不可能で分析にバイアスを与えます。このことは、**「欠損値バイアス」**と呼ばれ、正確な効果検証には工夫が必要です。

これも「しなかったとき」と考えるという点では「じゃない方」と似ていますね。違いは、「じゃない方」は存在しますが、「しなかったとき」は存在しません。ではどうするか？　古くから、双子のデータ、マッチングで似たような人を探してくる、自然実験、ランダム化比較試験（RCT）などの調査方法があります。

ランダム化、満遍なく……どれも**実社会で創り出すのはほぼ不可能**です。擬似的な状態を作ったとしてもどこまでも推測の域を出ません。グラフを描くという点において、私たちがしなければならないことは、**「真の状態を知ろうとしよう」というクセをつけることで、ひとまず大丈夫**です。どのみち、問題は計算結果やグラフに起こるので、観測できないことは何かを考え、それ故に**計算結果にバイアスが起きるならプラス方向なのかマイナス方向なのか**を考えるクセをつけるとよいです。その上で、「こういう結果になりましたが、上方（下方）バイアスがありそうです」と伝えるとなおよいです。分析結果が完璧だ！これが真実だ！と叫んでいるより、何倍も誠実です。

もう1つがサンプルセレクションによるバイアス問題です。これは、選んだ対象と見ようとしていることとの**「ずれ」**が問題です。例えば、上場企業のデータしか持っていないのに、「日本の企業の生産性」を見たと宣言すると、中小企業が含まれずに計測した生産性は上方バイアスを持つでしょう。リサーチャーの分析対象の選定と「見たいこと」のずれで起こるバイアスです。この偏りのことを**「サンプルセレクションバイアス」**と言います。

もう気づいたかもしれませんが、対象の選択だけでなく、推定方法の選択間違いによるバイアス、モデルの誤りによるバイアスもあります。分析が高度になればなるほど仮定が増えるので、バイアスや誤差が入りやすくなります。ですので、分析はシンプルにして、まずは足元をしっかり理解することが一番です。

「擬似相関」と「逆の因果」を疑おう

最後に分析の方向性を間違わないために考えるポイントを説明します。**擬似相関や逆の因果の存在を意識すると、分析の間違いが少なくなります。**気づき方や考え方は色々とありますが、2つの変数の背後に共通性があるかを考えるクセをつけましょう。「XとYは関係がある！」とパッと飛びつくのではなく、一呼吸おいて全体を見る、2つの変数の両方に作用する要因の有無を考える作業だと覚えてもらうといいと思います。

例えば、「貿易は企業の生産性を高める」という分析を見たときに、「生産性が高くなったから貿易をできるようになった」と考えられるか？という視点です。これは**逆の因果**で、自分が思っている矢印と反対方向の矢印も常に考えることが大事になります。

擬似相関は、時系列データで起きやすく、全く関係ない変数同士でも両方が時間方向に成長するとき、相関係数が非常に高くなることがあります。あまりにばかばかしい例だと気づけるのですが、それらしいのもあり、見分けるのが困難なときがあります。

擬似相関や、逆の因果に気づくコツは、まず自分の見方を疑うことで因果の矢印方向の誤りに気づき、次に共通因子を探します。

Xが何か構造を持っていて、Yも何かの関数で表現できているとして、その中に共通の因子があるかどうかです。例えば、アイスクリームの販売額と水難事故です。両方とも気温が直接要因で、気温が高いとアイスクリームはよく売れ、水辺に行く人も増え、相関があるように見える例です。統計学では、各変数は確率変数と考えられます。なので何かに説明されるという構造はないものとして扱われます。でも、経済変数や社会変数は構造を持っている場合がほとんどで、それを考慮せず計算した相関係数や回帰分析では、バイアスや誤りを引き起こすこともあります。例えば年齢を説明する構造は考えにくいけれど、就職や年収は構造を持ちますよね。

自然実験（コロナ禍のステイホームやインバウンドなど倫理的に強制できないことが自然と起こる状況）は、多くの人たちにとって自分では決断したりコントロールしたりできないようなことが外側からもたらされるような状況を指します。例えば、自然災害、戦争、流行り病、金融不況など、ショックが大きく良くないことであることが多いです。制度の変化も該当しますが、事前にアナウンスがあったり徐々に変化すると準備ができたりするので、その間に私たちが行動を変えることができます。より突発性が高かったり、未曾有で対応が想像できない方が自然実験の状況に合っています。そして、このような状況下では、**バイアスの少ない分析が行いやすいです。**

グラフから、仮説や分析目的が生まれる

ビッグデータ時代は、多くのことが見られるようになりそうですが、**そもそも行動したことしか計測されません。**また、データの特性で見えないこともあります。例えば、ＰＯＳデータはいつも、購入した個数と販売可能数の小さい方しか観察されません。スーパーに牛乳が１００本あるとき、50本売れたらＰＯＳは50と記録されます。買いたかった人が１５０人いて

もPOSは100で止まります。残りの50人は欠品していて購入できないため数字になりません。私たちは**いつも、見えていないことがないかを考える**必要があります。

そういうことを念頭に置きつつ、グラフを描くことで、「じゃない方」や「していない方」、「外れている人やこと」を調べることが、ビッグデータ時代には価値があるのだと思います。**変化を見つけることも大切ですし、変化しないことを見つけることも大切**です。

ビッグデータ時代、または未知との遭遇や、珍しい事柄を対象とする際には、統計的な分析だけでは十分にデータから情報を取り出したとはいえません。グラフから仮説や分析の目的が生まれることが多々あります。

データビジュアル力を高めると得られること

- 説得力や伝える力
- 分析の促進
- グラフからの発見
- 間違いに気づく力

必要なこと

- 統計学の基礎的な知識

- ソフトウェアの活用力
- グラフの種類による得意なこと苦手なことを知り、適切なグラフを選ぶこと

ここまでで自分の手元にあるデータがどんなものか知り、適当なグラフを選ぶための最低限の知識をさらったと言っていいでしょう。自分の持っている材料でどんな調理をするのか、の準備段階になります。通常の教科書や統計学の授業の内容よりは少ないと感じるでしょうが、データのビジュアル化に必要なことはひとまず学習できました。

実践する6ステップをここで一度整理しておきましょう。

- 持っているデータで見えるものと見えないものが何かを把握する
- 「じゃない方」が何かを考える
- 迷ったら線グラフで描く
- データの特徴が見える粒度《りゅうど》で集計する
- 複数のデータを重ねて雄弁な1枚に仕上げる
- 結論のグラフが散布図のとき、分析は伝わりやすくできている

以降では、集計や加工の具体例を見ながら、ビジュアライゼーション力を高めていきます。

第2章

粒度を操れば見えてくる

見たいもののために集計粒度を変える

コロナ禍を大局的に見る粒度

グラフを描くための最初の作業は、**集計の「粒度」と、どう加工するかを決めること**です。例えば時間についての集計は、年と月では月の方が粒度が細かいと言います。地域なら、都道府県での集計は、市町村より粒度が粗くなります。リサーチャーは、見たい「コト・モノ」にとって、適切な集計の「粒度」と予算や入手可能性等による実現可能な「粒度」の間でベストを見つけます。

集計の粒度を決めたら、次に、どんな加工をして指標を作るかを考えます。その際、統計分析を仕事にしている人たちは、**グラフをたくさん描いて集計と加工の種類にあたりをつけます**。グラフは、レポートやプレゼン資料に掲載する結果だけではなく、分析途中でデータの特徴を知るためにもどんどん描きます。この章では、**順位**、**変化率**、**累積度数**と、どんなデータにも活用可能でシンプルな加工法を使ったグラフを紹介します。

コロナ禍で、私たちの食事、学び、仕事、余暇は大きく変化しました。私は2020年の2月から、コロナ禍の消費についてたくさんのグラフを描きました。未来の人たちに「コロナ禍での生活はどんな感じでしたか？」と聞かれたときに、コロナ禍のくらしを反映したグラフはどれだろう？と想像してみました。ここでは、「これだ！」と思う2枚のグラフを紹介します。

1枚目は、コロナ前の2018年からコロナ禍の2022年までの5年間における消費の変化を俯瞰《ふかん》で見るグラフです。POS（Point of Sales、販売時点情報）データは、スーパーマーケットやコンビニエンスストア等で買い物をした際の商品名、価格、数量、支払い方法などを記録した情報です。在庫管理や売上分析、顧客の購買傾向把握に、販売額、販売量の変化を見るのが主流ですが、私は**販売額の年間ランキング**（**順位**）に注目しました。

具体的には、株式会社インテージ（以降、インテージ社）のPOSデータを使いました。スーパーマーケット、コンビニエンスストア、ドラッグストア、ホームセンターで販売された商品を344品目に分類し、2018年から2022年の各年について、販売金額が大きい順に1位から344位までのランキングを作りました。**順位をグラフにするメリットは、年間販売額が大きな商品と小さな商品を1枚のグラフに描いても見やすい**ことです。

一方で、順位にすることで、どれだけ売れたかの規模の情報が落ちるので、各年での販売額の変動や、1位と2位の販売額の差の情報は見えなくなります。

図12は縦軸が当年、横軸が前年の順位の散布図です。2018年から2022年までで4枚のグラフが描け、1枚のパネルにしています。せっかくなので、さらに2つ情報を重ねましょう。まず、点ではなくバブルにしました。バブルの大きさは前年から当年の順位差の2乗です。2つ目に順位差が±30位以上あった場合に、商品名を記しました。

さらに45度線を重ねましょう。右上の端っこが両年1位、左下端が両年344位で、45度線上に分布する商品は前年と順位が等しくなります。45度線より上側三角は前年より順位が高い商品、下側三角は低い商品になります。

品目名を記載するのを±30位以上の順位変化があったときにすると決めるまでには、やや試行錯誤をしましたが、その他の工夫（点をバブルにする、45度線）は、定番です。**バブルの大きさを順位の2乗にするのも分散と同じアイディア**で、とにかく前年と差があることだけを評価しています（上がったか下がったかは45度線で見ます）。パネルのように並べて経時変化を見るのも面白いと思います。

実はもう1つ、情報を重ねられます。例えば色を食料品、飲料、日用品、感染予防品……と分け、凡例で示すことができます。しかし、344品目をいくつに分けるか、グループ分けが多くなり煩雑になるという理由で、色分けをしませんでした。ですので、色の違いに体系だっ

図12　販売額順位の当年と前年の比較（コロナ前からコロナ禍）

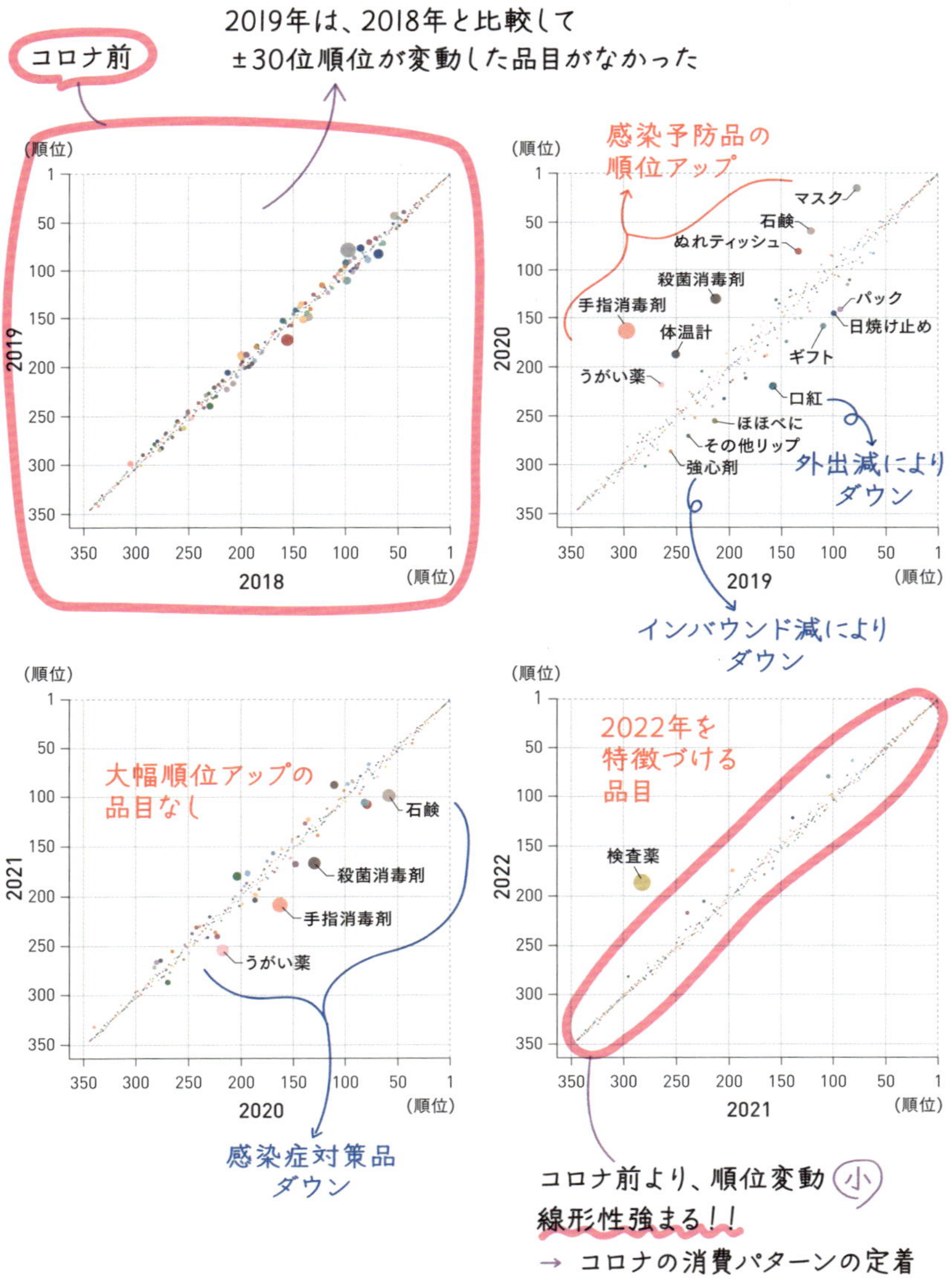

※バブルの大きさは、前年との順位差の２乗
データ：インテージ社のSRI+（全国小売パネル調査）のPOSデータを使用

た意味はありません。順位変動が大きかった品目には名称を加えることで、詳細情報を示しつつシンプルになるようにしました。

各年の特徴を見てみましょう。

2019年は、45度線上に分布している商品が多く、2018年との順位差が±30位以上変化した商品はありませんでした。そもそも344品目は日常品が多いので、コロナ前の順位は安定的でした。

2020年は、マスク、手指消毒剤、殺菌消毒剤、うがい薬、体温計といった感染予防品とその品薄時に代替消費された石鹸（ハンドソープ含む）、ぬれティッシュが30位以上順位を上げました。

一方、外出機会の減少やマスク着用により、口紅、ほほべに、その他リップ、パック、日焼け止め、ギフト（お中元、お歳暮等）が30位以上順位を下げました。インバウンド旅行者に人気が高かった強心剤は、観光需要の消失により順位が下がりました。

2021年は、30位以上順位が上がった商品はありませんでした。一方で、2020年によく売れた商品のうち、石鹸、殺菌消毒剤、手指消毒剤、うがい薬が30位以上順位を下げました。

2022年は、各商品が45度線周辺に多く分布し、各バブルが2019年の図より小さいです。つまり2022年の各商品の順位は2021年と非常に類似しています。検査薬が特徴的な商品として登場しました。

以上より、2021年と2022年は、2020年のパニック消費が落ち着き、新しい消費パターンの定着が観察されました。消費行動で分類するならば、**コロナ禍は2020年と2021－2022年に二分できる**ことがわかりました。

販売額（数量）ではなく、順位の情報を使うことで、各年の販売総額が異なっても比較しやすくなります。理解や説明がしやすいこともメリットです。さらに、データを提供する企業にとっても、販売額などの数量データはデータ流出の心配がありますが、金額や量のデータが付随していない順位なら提供しやすいのではと思います。

すぐに消えるデマへの反応を短いサイクルで捉える

コロナ禍を代表する2枚目のグラフは、デマや不確実な情報に対する反応を表現した線グラフを選びます。図12の散布図は時間を固定したスナップショットのようなグラフで、たくさんの品目間の順位の違いが年ごとにどう変化するかを見ました。一方、線グラフは品目数を絞って、時間方向の変化を表すのに優れています。コロナ禍で私たちは、フェイクニュースや確認が不十分な情報によって、爆買いや売り切れを何度も経験しました。図13では、図12と同じPOSデータを使って、デマで販売が急増急落した4品目に注目して前年同週比のグラフを描いてみます。

例えば2020年第1週について、前年同週比を計算してみましょう。まず、2020年の第1週の販売額から2019年の第1週の販売額を引き（分子：単位は円）、次に2019年の第1週の販売額で割って（分母：単位は円）計算される変化率です。単位の「円」は約分されるので「無次元数」になります。これにより、どんな単位や規模の対象でも比較することが可能になります。変化率は100を掛けて％表示することが多いです。0％のときコロナ前と同等、100％のときにはコロナ前の2倍の販売増で、マイナスのときには販売減を意味します。

平時は前年同週比でよいのですが、自然災害、消費税率引上げ、コロナ禍等、特殊な年からの変化は解釈が難しくなります。その際は通例にとらわれず、「コロナ前と比較したい！」という気持ちを大事にして、図13のように、2021年も2年前の2019年からの変化率を計算します。大事なことは、**ルールではなく、伝わりやすさ、解釈しやすさです。**

問題はトイレットペーパーや解熱剤のような普段からよく購入される品目と、うがい薬や駆虫薬のそうではない品目が混ざっているので、前年同週比の変化の違いが大きかったことです。そこで、図13の左軸はトイレットペーパーとアセトアミノフェン、右軸はうがい薬と駆虫薬に分けました。コロナ前にあまり購入されていない、うがい薬と駆虫薬の軸の最高値が高いですね。

各品目を見ていきましょう。２０２０年２月にはマスクの供給不足により、「トイレットペーパー等の紙製品が不足する」というデマがＳＮＳを中心に広がり、３月２日からの臨時休校の要請とも重なり、買いだめが起こりました。２０２０年８月にはポビドンヨードのうがい薬がウイルス殺菌に効果的という確認不足の情報が出て、その週には１１６１％増となりました。２０２１年８月には、「抗寄生虫薬のイベルメクチンがコロナ予防と治療に有効」というデマがＳＮＳで拡散され、１２９３％増となりました。デマではない

図13　コロナ禍のデマや不確定な情報への反応

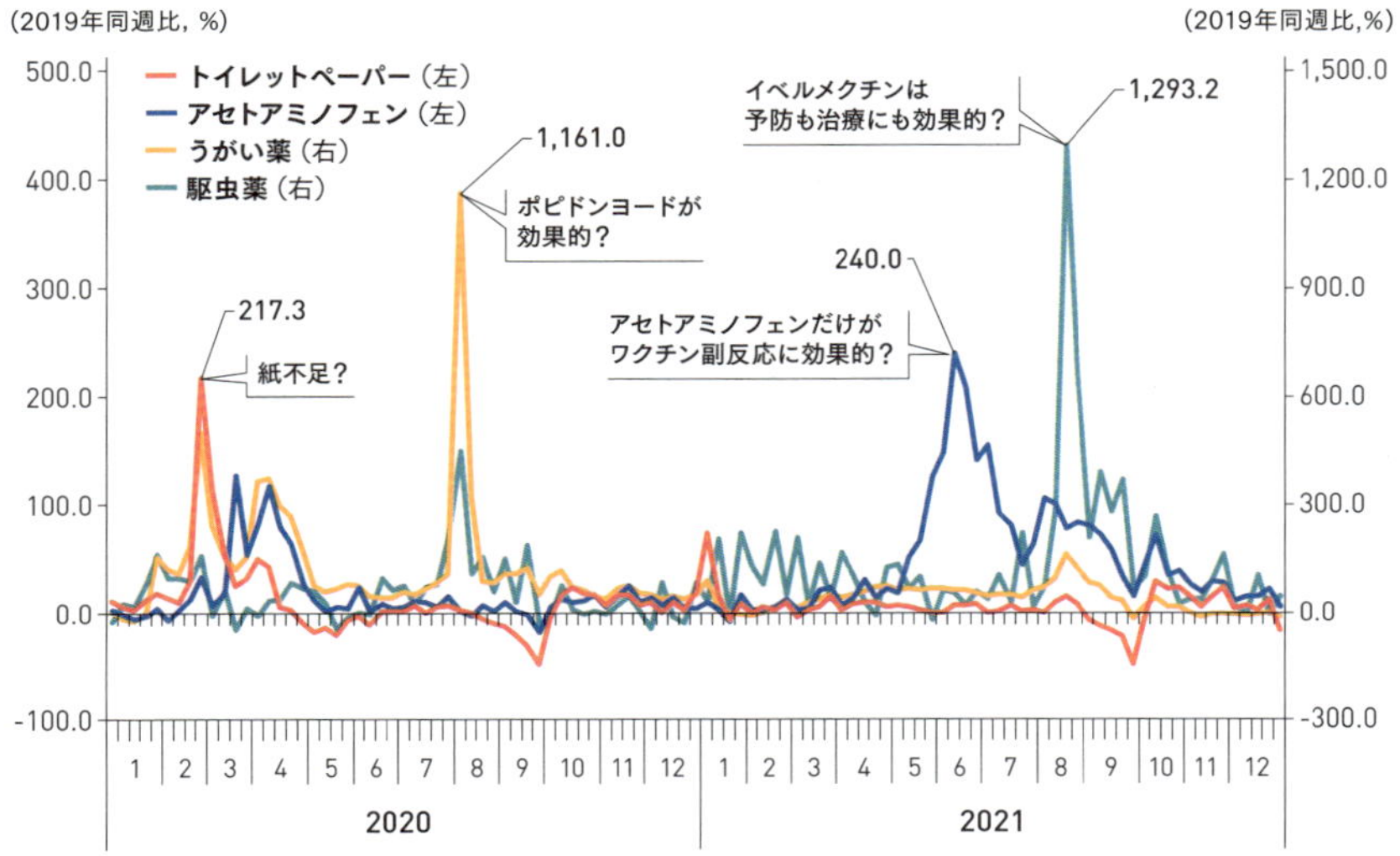

データ：インテージ社のSRI+（全国小売パネル調査）のPOSデータを使用

ですが、2021年4月以降、アセトアミノフェンがワクチン接種後の解熱鎮痛剤に推奨されると、含有医薬品が急速に品薄になりました。トイレットペーパーと解熱剤は217%増、240%増と少なく見えますが、普段から購入される品目なのに3倍以上の販売増となっています。

図13を見ると、正しい情報や新たな情報が提供された後には、私たちはすぐに行動を変え、早期に購買行動が安定するという特徴が見えました。このような**瞬間的な変化は、月次や年次データに集計すると均《なら》されて見えにくくなります。**

また、日次データでは、変動が大きくなりグラフの凸凹が激しくて特徴が掴みにくくなります。よって、**週次データでの集計がベスト**です。

分析を通じてコロナ禍の特徴の1つが、**「情報感度」の上昇**だと思いました。後から振り返れば大したことがなかったり、的外れな行動も、そのときは必死に情報を収集し、多くの人が感染予防や対処のために購入してきました。最初は4品目をそれぞれグラフにしていましたが、購入増のタイミングが異なっていたので、1枚にまとめることにしました。トイレットペーパーの販売急増から始まり、駆虫薬まで時間の経過を1枚にまとめることで、情報量が増えて、デマ等の影響を受けた品目の遷移がわかる良いグラフに育ったと思います。2軸のグラフを見やすくするポイントは、**左右の軸で範囲は異なってもゼロの位置をそろえておく**ことです。

売れなくなった品目（＝じゃない方）をグラフに

消費動向に注目すると、通常よりも売れているものの状態が目立ちますし、爆売れすると品薄や欠品が問題にもなります。そういうときに、いち早く「売れなくなったもの（じゃない方）」を見ることで気づくことがあります。図12の2020年の散布図を見ると、コロナ前より順位を上げた品目だけでなく、45度線の下側三角にあり順位を下げた「売れなくなったもの（じゃない方）」の共通点に気づきます。日焼け止め、口紅、ほほべに、リップ…と外出時に使用するもので、コロナ禍の特徴の1つである全国的な外出自粛を教えてくれているようです。

図14で、ドラッグストアのPOSデータによ

図14　コロナ禍で売れなくなった化粧品

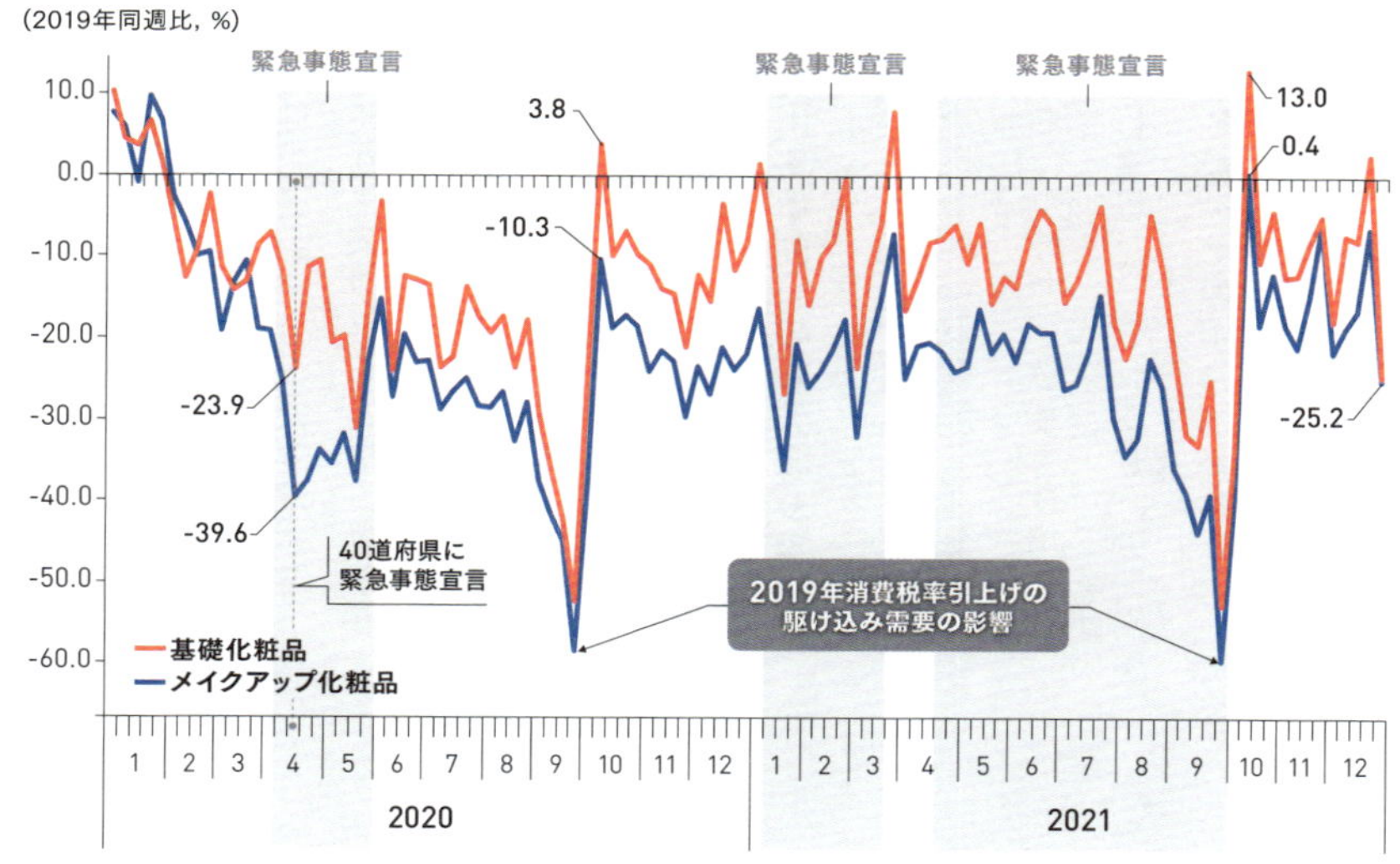

データ：経済産業省の「METI POS小売販売額指標［ミクロ］」を使用（GfK社データ）

る、基礎化粧品（スキンケア品）、メイクアップ化粧品（ファンデーション、口紅など）の販売動向を見てみましょう。2020年1月から前年同週比は下がり続け、第1回目の緊急事態宣言期間に基礎化粧品が23・9％減、メイクアップ化粧品39・6％減となりました。

2020年9月の第4週が大きく販売減になっているのは、2019年10月1日の消費税率引上げ時の駆け込み需要の影響です。通常なら、引上げ後は買い控えの反動減により、翌年は大幅な販売増となります。しかし、基礎化粧品は3・8％増と僅かな増加に留まり、メイクアップ化粧品は10・3％減でした。メイクアップ化粧品は、販売減が続き、2年後の2021年10月第1週に0・4％増と僅かですがコロナ禍で初の販売増となりました。両品目とも以降も、外出自粛、在宅勤務、リモート講義、外出時のマスク着用の浸透等により、販売減の期間が長く、化粧品市場が非常に苦境に立たされています。**外出時に利用する商品の販売減もコロナ禍の特徴**です。

図14は、経済産業省 BigData-STATS（β《ベータ》版）のダッシュボードで公表されているデータを使いました。私は、このダッシュボード作成のプロジェクトに参加していたので、2020年3月には、メイクアップ化粧品の売上げが落ち込んでいることを公表しました。それが5月の新聞記事に引用され、追随して化粧品についての他の分析も出てきました。その頃には私は、化粧品の販売減から「外出自粛がコロナ禍の特徴になる」、「では、ステイホームで起こる行動の変化は何だろう？」と次に見るべき食事や働き方の変化へとアイディアが繋がっていました。

未曾有のことが起きたときに、論理的思考だけでアプローチするのは難しいです。そういうときこそ、データの力を借りて、「じゃない方」まで見ることで、ひらめきがわき、次に見るべきものにするするっと繋がったりします。

化粧品と同じアイディアでデータを見ていくと、衣料品も下着よりも洋服やアクセサリーの販売額が下がり、在宅勤務が増えたことで、クリーニングサービスの利用が減ったことがわかりました。一方で、休業要請がなかった美容院はあまり影響を受けませんでした。家にいる時間が長いと洋服を買う機会は減りますが、髪が伸びるスピードは変わりません。当時、「当たり前じゃないか（つまらない）」という声がありましたし、今でもそういうコメントを受けることもあります。でも、**リサーチャーの仕事はデータが語っていることを忠実に客観的に示すこと**なのでそれでいいんです。それに、コロナ禍のくらしの当たり前を、データで確認できたということは、そのデータは使っても大丈夫！のお墨付きをもらったようなものです。当たり前を誠実にコツコツと積上げることでこそ、確信を持てる発見が見つかります。そしてそういう人が増え、「(データで) ちゃんと見えてていいね！」というコミュニティが広がるといいなと思い活動しています。

過去事例から学ぶときのグラフの重ね方

霞が関でも企業でも前例主義はよく使う考え方で、ポジティブに作用すると、比較することで納得感や課題が見つかることがあります。コロナ禍直前の２０１９年は、10月に5年半ぶりの消費増税がありました。通常、税率引上げ前は、駆け込み需要がありますし、食品や日用品などの消費財は数か月、耐久財は半年から1年程、反動減と呼ばれる買い控えが起こります。ですので、**耐久財についてコロナ禍の影響を見る際は、消費増税の影響も混ざっている**ことに注意が必要です。

長期的にデータがあるなら、前回の消費増税と比較するという手があります。経済産業省BigData-STATS（β版）のダッシュボードはそれを意識して２０１2年以降のデータを公表しています。前回の消費増税は２０１４年４月なので、週次で直近までのグラフを描くと、横に長いグラフになり見にくくなります。異なる時点でのある出来事の効果を比較したいとき、霞が関のリサーチャーの得意技は、**時間軸を重ねて横軸を2本にする**ことです。

異なる年の時間軸を重ねるならば同じ月が重なるように描かなければならないと思うかもしれません。小売の販売額は季節性を持つことが知られています（例：ビールはお中元とお歳暮時期に売れる）ので、特にその必要がありそうです。前回は２０１４年４月１日の消費税率引上げ（5％→8％）、今回は2019年10月1日の引上げ（8％→10％）です。

こういうときこそ、前の週との変化率ではなく、「前年同週比」を使うという手があります。1年前の同じ季節と比べてどれだけ売れたかについて、季節の影響を除去して比較できるので、半年ずらして前回と今回を重ねて描きます。

図15は、冷蔵庫のPOSデータを使いました。税率引上げ前は、前回の2014年消費税率引上げ（青色）も今回2019年（赤色）も前年同週と比較して販売額が増えています。また、今回の方が直前まで購入が続き消費者が文字通り駆け込んだのがわかります。

冷蔵庫は一家に何台も買うものではないので、前回も今回も税率引上げ以降は、販売減が続きました。前回の場合は約1年、反動減が続きましたが、2019年の消費税率引上げ後は反動減の期

図15　一目で比較：2回の消費税率引上げと特別定額給付金（冷蔵庫）

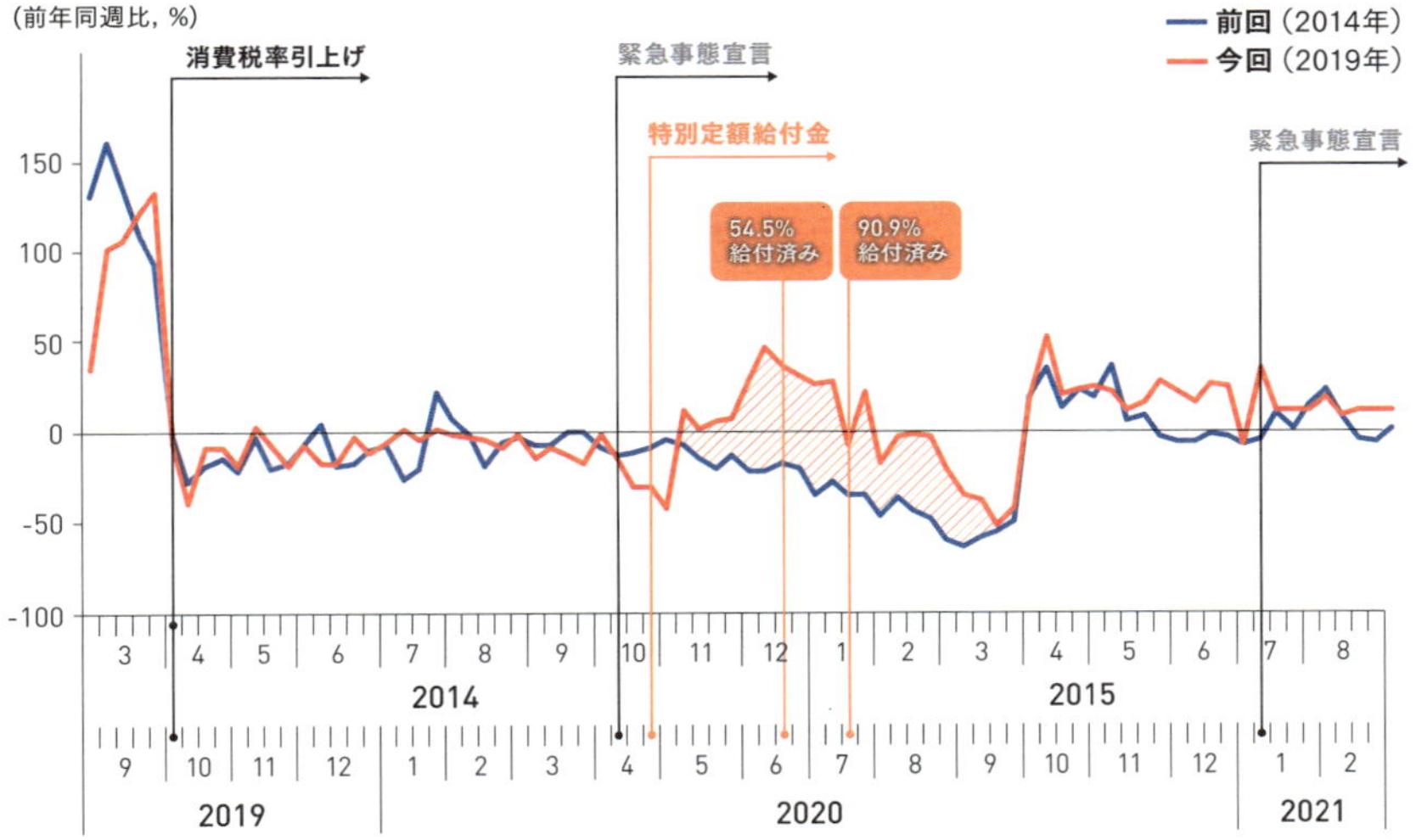

※2021年は、2019年同週比
データ：経済産業省の「METI POS小売販売額指標［ミクロ］」を使用（GfK社データ）

間が半年と短くなりました。詳しく見てみましょう。

今回２０１９年、増税約半年後に販売減の程度が大きくなったのは、コロナ禍により第１回目の緊急事態宣言が発出され、家電量販店の多くが短縮営業や休業していることによります。また、**反動減が半年で終了した理由は、コロナ禍に対する特別定額給付金により、冷蔵庫を含む家電を購入した人が増えたから**です（図15赤色斜線部）。

図16は、パソコンの販売動向です。パソコンの動向の読み取りは、工夫が必要です。前回は、消費増税直後（２０１４年４月９日）、今回は３か月半後（２０２０年１月14日）にWindowsのOSのサポートが終了しています。こういう**偶然の一致に気づけるのもデータ分析の面白いところ**です。

サポート終了による買い替え需要と駆け込み需要

図16 一目で比較：2回の消費税率引上げと特別定額給付金（パソコン）

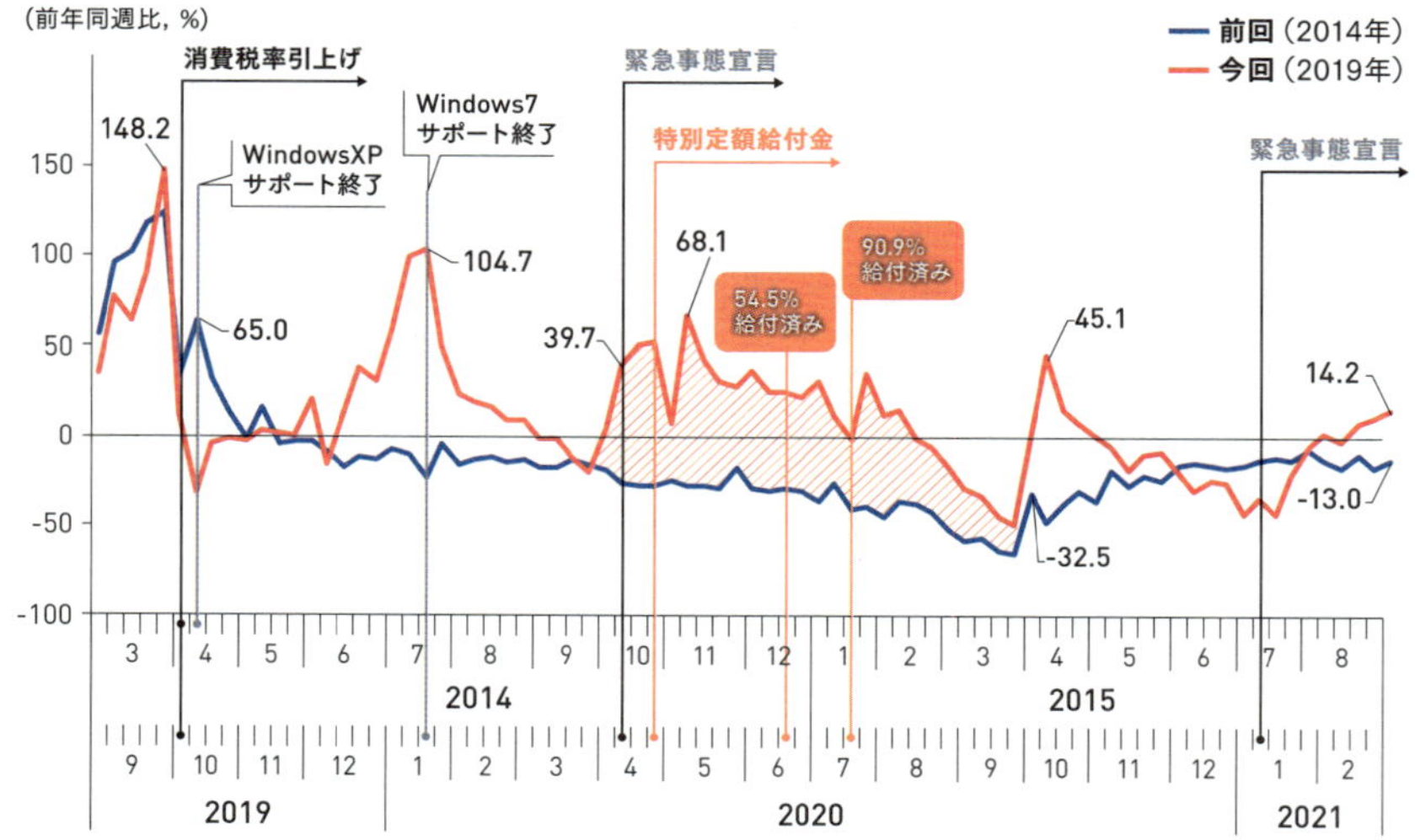

※2021年は、2019年同週比

データ：経済産業省の「METI POS小売販売額指標［ミクロ］」を使用（GfK社データ）

が重なり、冷蔵庫より解釈に注意が必要になります。

そのため、前回2014年は買い替えが終わった後は1年半後も販売減が続いており、2015年4月でさえ32・5％減でした。一方、今回2019年は駆け込み需要の数か月後にOSサポートが終了したことにより買い替え需要で104・7％増となりました。家電量販店もメーカーも需要が出尽くしたと思っていたところにコロナ禍が起きました。在宅勤務、自宅からの授業参加にパソコンが必要だったため、緊急事態宣言期間中もその後の特別定額給付金の給付期間も販売増が進みました（図16赤色斜線部）。本来ならば反動減になる期間、ずっと販売増が続きました。

異なる年のグラフを重ねて、消費税率引上げの影響を見るだけでなく、反動減の期間も比較することで、**特別定額給付金の効果を視覚的に見ることができた**例です。

集計の周期の見定め方

ビッグデータ時代では、1日よりも短い周期（時間、分、秒）や周期がなく即時性のあるデータ（行動した瞬間が記録される）が入手できる場合も増えてきました。とはいえ、それをそのまま他人に共有することはセキュリティ上できませんし、グラフにしてもわかりづらいので集計が必須です。

集計の周期について悩んだときは、**その商品やサービスの消費の周期**（耐久の周期）**を考える**と良いです。例えば美容院の場合は1か月単位、食料品は消費のサイクルや賞味期限で考えるとわかりやすいと思います。牛乳、豆腐、卵などの「デイリー食品」は1週間単位、調味料や洗剤は1か月より長くてもいいかもしれませんね。週や月で集計するのが習慣になると、1年単位での集計だと、均されて見えなくなる事象があるのではと思ったり、月次や週次集計では、中長期的な影響を見られないことが気になってくると思います。どちらも身につけて欲しい感覚です。

まずは、短期的に足元の変動を見たいのか、長期の構造の変化を見たいのか、目的に合わせて、集計の粒度を選びましょう。その上で、グラフを描いて迷ったら、

凸凹が激しすぎて傾向が見えにくい↓「周期」を長くしてみる

変化が乏しい↓「周期」を短くしてみる

と覚えておきましょう。

基礎的操作だけで季節性を可視化する

コロナ禍を最も代表する品目

コロナ禍ではマスク、手指消毒剤、うがい薬といった感染予防品の購入が増えました。その中でも**マスクはコロナ禍の生活で象徴的な品目**です。コロナ前は、風邪やインフルエンザ予防、春と秋の花粉症対策に着用する人が多かったですが、コロナ禍で、外出時に着用する商品として定着しました。この変化をデータで見ていきます。

例えば虫よけスプレーや麦茶は夏によく売れ、冬にはほとんど売れません。同様に鍋の素は夏にはほとんど売れません。販売額の推移に季節変動があることを「季節性」や「周期性」と呼びます。ここからは週単位で集計した週次データを、「季節性」をキーワードに見ていきます。

図17は、マスクと手指消毒剤の販売額の２０１９年同週比に新規陽性者数を重ねています。

マスクも手指消毒剤も、２年間で常にコロナ前の販売額を上回り、感染拡大第２波のピーク時には、マスクは１６８９・２％増、手指消毒剤は２０７７・６％増と平時には類を見ない程高くなりました。同週比が低く見える２０２１年12月第５週でもマスクは２０１９年の約１・65倍、手指消毒剤は約１・54倍増です。期間中はほぼ、手指消毒剤の同週比がマスクを上回りました。もともと売れていない商品の変化率がより高くなりやすく、マスクと手指消毒剤ですと、マスクの方が生活により浸透していたことを意味します。

市場規模の違う複数商品を、①金額規模の情報を落として変化率で比較する、②変化率を取るタイミングをコロナ前（２０１９年）の同週比にして季節性を考慮する、という工夫をしています。これにより、商品間、かつ、２０２０年と

図17 コロナ禍消費の象徴：マスクと手指消毒剤

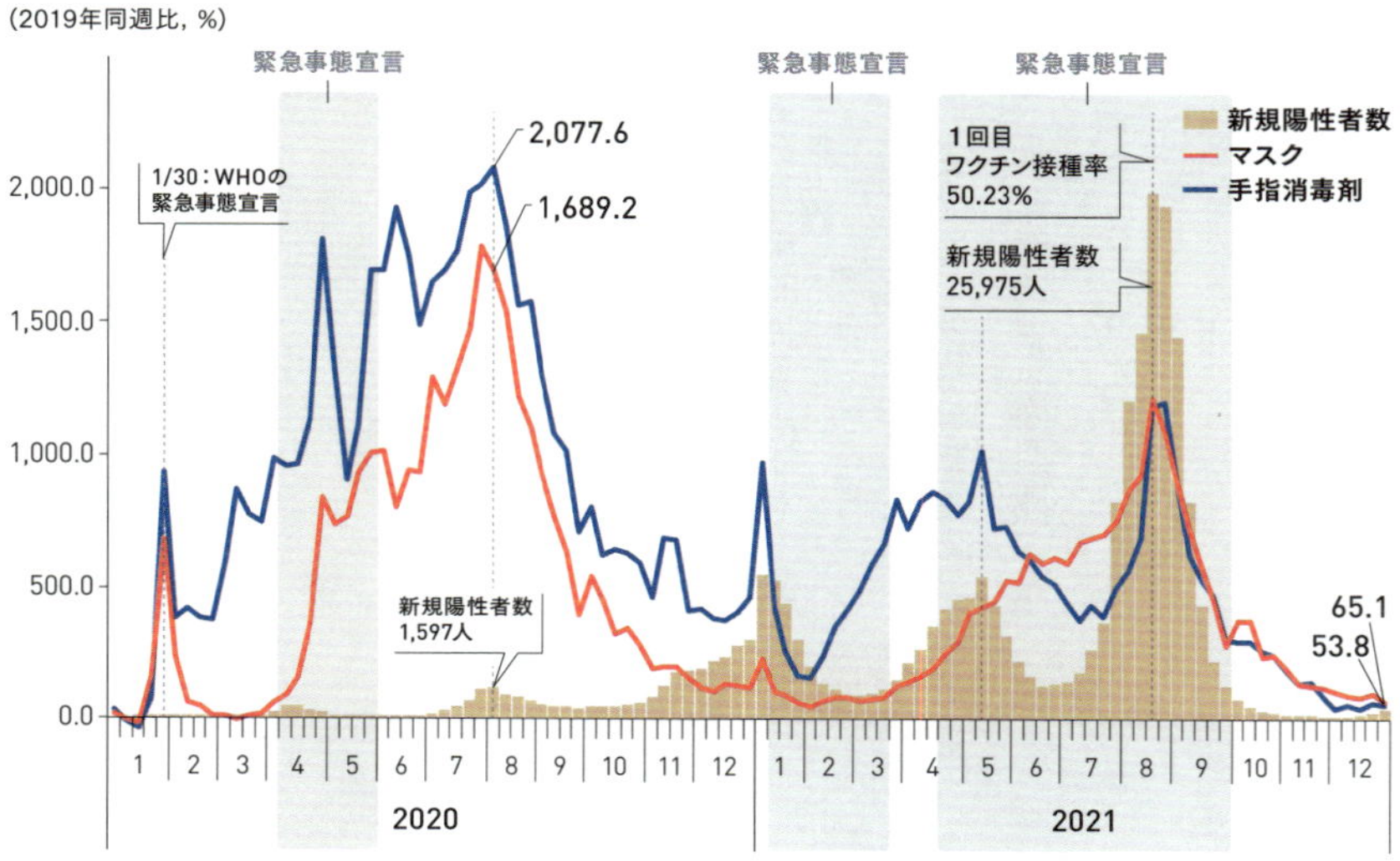

データ：インテージ社のSRI+（全国小売パネル調査）のPOSデータ、厚生労働省の「新規陽性者数の推移（日別）」を使用

2021年の各週が比較可能になります。

また、線グラフに棒グラフの新規陽性者数の情報を重ねることで、陽性者数の多い少ないにかかわらずマスクと手指消毒剤を購入し続けたことがわかりました。また、平時なら購入が少ない夏での購入も増えています。次の節で、もっと直接的にマスク消費の季節性を見ていきましょう。

統計学の基礎「累積相対度数分布」で季節性が見える

マスクの購入の変化を見たいとき、月別販売数を棒グラフにして数年分重ねるという方法を思いつきますが、年によって販売総数が違うとうまく重ねられませんよね？　そういうときは**「累積相対度数分布」を使うという手があります。**

まずマスクの1年間の販売総枚数を計算します。次に各週の販売枚数を年間の合計で割り、各週で全体の何％販売されたかの比率を計算します。この比率を相対度数と呼びます。さらに、2週目は1週目と2週目の比率を足す、3週目は1週目＋2週目＋3週目と、**前週までの比率の合計とその週の比率を足し合わせます。**この積上げを「累積」と呼び、52週目は100％になります。

図18は、コロナ前、コロナ禍、コロナ後を比較するために、2018年、2020年、2022年についてそれぞれ、各週の販売比率を積み上げた累積相対度数のグラフです。縦軸は比率、横軸は週です。

コロナ前の2018年は、冬と春の花粉症の季節に購入が集中し、4月の第3週に1年間の販売総数の半数が販売されています。その後4月の第4週から9月の第4週までの5か月をかけてゆっくりと全体の2割が購入されています。販売の速度が緩やかになるとグラフは横軸に対してフラットになります。10月第1週から12月最終週までで全体の約3割が購入されるという季節性が見えました。

縦軸の50%の線は重要な目安になります。50%は全体の半数の枚数を意味するので、第何週目で交差するかで、他の年と販売枚数が伸びたタイミングを比較することができます。

もう1つ、1年間毎週同じ枚数が販売された場合、1/52≒0・0192で約1・92%ずつ販売枚数が増えます。また、原点（0）と縦軸の100を結ぶ対角線で表せる45度線を引くことができます。この直線に重なる、または平行な場合は、毎週一定のペースで購入されたということです。

コロナ禍の2020年は、1月30日のWHOの緊急事態宣言の週に全体の販売枚数の3割を超え、その後のマスク不足の時期には販売枚数が停滞しました。コロナ前と比較するとすさま

図18　マスク消費の季節性：コロナ前とコロナ禍の比較

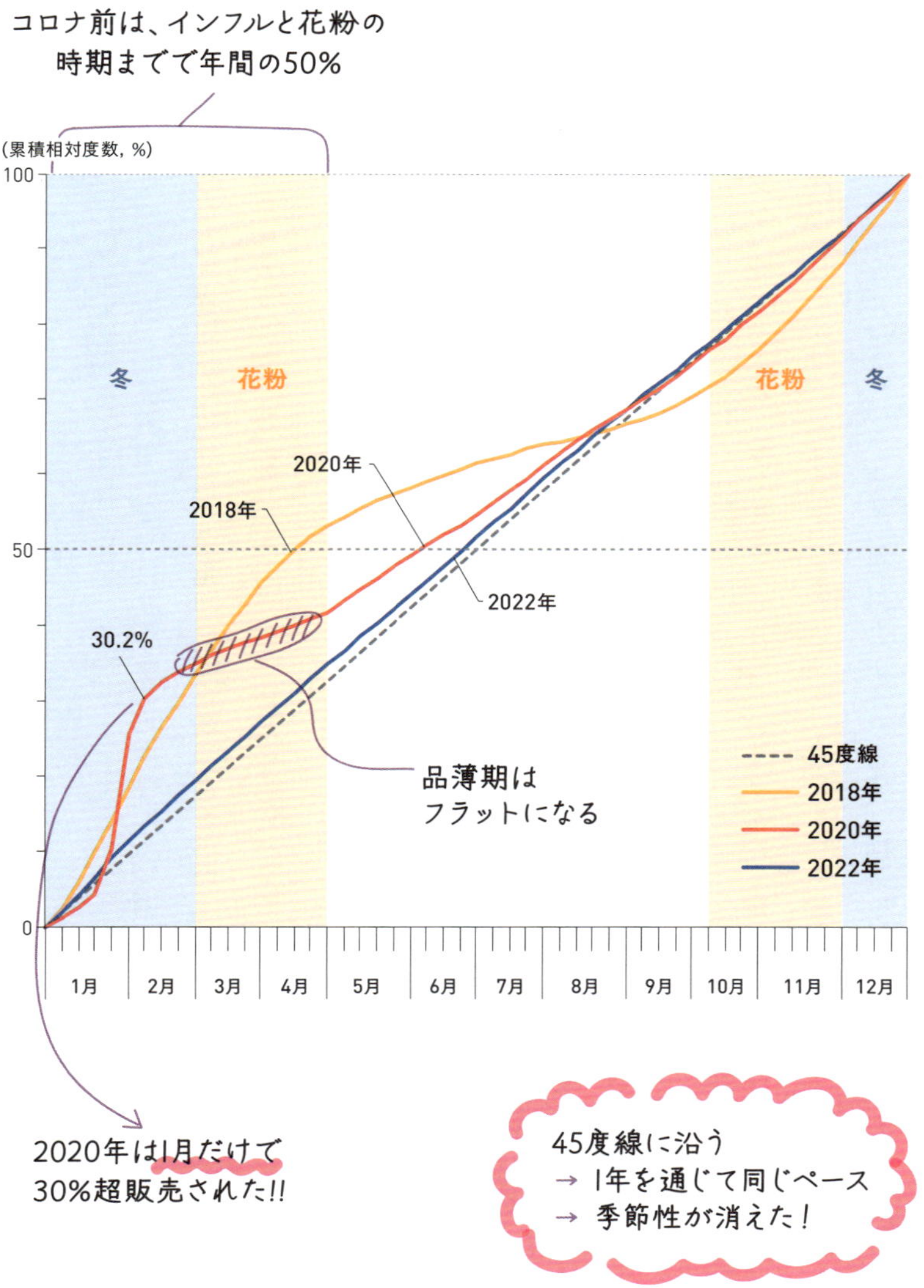

データ：インテージ社のSRI+（全国小売パネル調査）のPOSデータを使用

じいスピードです。

第1回目の緊急事態宣言の終了（6月の1週目）に50％を超え、その後マスクが市場に戻ると毎週一定のペースで購入されました。

2022年に注目してください。45度線上にぴったり寄り添っていて、52週の各週で販売枚数が一定だったことがわかります。2020年の突発的な需要増によるパニック買いやマスクの供給不足はもはやなくなり、コロナ前の季節性も消失し、新たな消費パターンに変化したことがわかります。このグラフは、いかに日本で暮らす人々がマスクを着用し続けたかを教えてくれています。

2023年5月8日に新型コロナウイルス感染症は5類感染症に移行しましたが、マスク消費はコロナ前に戻るのでしょうか？　新しい周期になるのでしょうか？　いずれにしても最初に影響が出て、最も影響があったマスク市場は日本のコロナ禍を語る上で象徴的な品目と言えます。このグラフは、コロナ禍を経て、**マスクという1つの商品の買われ方が完全に変わったことを表している**、発見のあるいいグラフです。

累積相対度数分布をグラフ化するのは、難しく感じるかもしれませんが、**足し算と割り算だけで計算できる**ので、間違わない手法と言えます。しかも、データの分布は統計学の基礎中の基礎で大事なものですし、シンプルなだけに非常に説得力があります。横軸を時間にすることで、季節性を見ることができますし、複数時点を重ねることができるのもメリットです。ぜひ、分析に取り入れましょう。

順位の変化で新ビジュアルのグラフを描く

最後に、順位のグラフを描いていたら季節を感じた例を紹介します。図12では、344品目の年間販売額の順位を散布図にしました。そこで、順位を週次に集計して毎週の順位変化を見たらどんなふうになるかな？とやってみることにしました。とはいえ、344品目×209週（2019－2022年）の順位変動を1枚のグラフで描くと、人間の目では識別が困難です。そこで、2019年以降1週でも上位20位以内に入った品目を抜粋し、図19に期間中の最高順位と最低順位を記しました。大半が食品、飲料品で、特に、たばこ、ビール、菓子パン、液体茶、牛乳、アイスクリーム、コーヒードリンクの順位が安定して高いことがわかります。コロナ禍だからこそランクインした品目はマスクや紙製品です。マスクはコロナ前の夏に200位で、コロナ禍初期の2020年1月第4週に最高2位で、図12の年間順位でも、2020年に大きく順位を上げました。一方、コロナ禍初期にパニック買いされた紙製品は5位になりましたが、図12の突出して売れた品目には該当しませんでした。ここでも、**週次データは季節性と短期的なショックの観察に便利なことがわかります。**

なぜ20位なのか？については、３４４品目のうちの販売額が上位10位の品目は相当に強い売れ筋の品目で安定している（変化に乏しい）のではないかと考えたためです。また、過去に旅行者に人気の約１１００市町村、47都道府県で同じことをしたことがあり、ピックアップする順位は、15位～20位くらいが見やすいことがわかっていましたので、20位を選びました。「実証的な探索」と呼ばれるところで、時間を要することもありますし、こういう作業が感覚頼りに見えて、嫌だと思う人がいるところでもあると思います。①サンプル中、何％と決める、②きりの良い数字にする、③必ず複数試して結果が安定しているかを確認する、を心がけましょう。対象について考えたりデータを見る機会が増えたりすると、経験により感覚が身についてきます。

図19の品目について、毎週の順位の変化を視覚的に描いてみましょう。図20は、Batty（２００６）により提案されたランククロック（Rank Clocks）を使っています。２０１９年の第１週と２０２２年最終週の順位が時計の12時の位置で接し、時計回りに１週間ごと進みます。中心が１位で、外側に向かって順位が低くなります。**線グラフと実質は同じ**ですが、円形になっていることにより、**順位の入れ替わりや順位が一定であることが模様として認識しやすい**のがメリットです。

図20は見たことがない花の形になり、「きれいだな。こんな形になるんだ」と感動しました。次に、「どうして花の形になるのか？」を理解するために、上位から下位に大きく変化して花びらに見える品目が何かを調べました。

例えば、その他練り製品は冬や正月、鼻炎治療剤は春・秋の花粉症の時期、殺虫剤は夏、ギフトは、お中元、お歳暮等の贈答時期に需要が高まり順位が高くなり、それ以外は順位が低くなっています。その**タイミングや周期、つまり季節性が、品目ごとで異なることで、花のように見えている**ことがわかりました。そして図19と組み合わせてみると、常に中心あたりに分布

図19　生活必需品一覧：4年間で一度でも20位に入った品目

カテゴリー	品目	最高順位	最低順位
主食	米	8	31
	食パン	15	32
	菓子パン・調理パン	3	5
	カップインスタント麺	4	15
	生麺・ゆで麺	18	51
調味料	チーズ	17	33
加工食品	冷凍調理	4	15
	畜肉ソーセージ	15	25
	かまぼこ	7	99
	その他練り製品	17	302
嗜好品	チョコレート	3	23
	キャンディ	15	31
	ビスケット&クラッカー	15	38
	スナック	11	18
	煎餅・あられ	17	36
	つまみ類	15	36
	アイスクリーム	3	17
	ヨーグルト	12	25
乳飲料	牛乳	4	11
清涼飲料	炭酸飲料	18	54
	コーヒードリンク	6	15
	液体茶	4	11
	スポーツドリンク	8	76
	栄養ドリンク	10	25
	ミネラルウォーター類	11	39

カテゴリー	品目	最高順位	最低順位
アルコール飲料	ビール	2	3
	ウイスキー	15	30
	ワイン	19	70
	日本酒	3	59
	焼酎	7	15
	低アルコール	5	14
パーソナルケア	シャンプー	19	47
	洗濯用洗剤	12	41
	殺虫剤	8	239
	芳香・消臭剤	16	61
紙製品	ティッシュペーパー	11	64
	トイレットペーパー	5	44
	生理用品	18	84
その他雑貨	電池	19	127
基礎化粧品	化粧水	20	65
医薬品	鼻炎治療剤	17	205
健康関連品	マスク	2	200
たばこ	たばこ	1	1
その他	ギフト	15	318

※2019年－2022年の209週間で1度でも上位20位に入った品目を抽出しました。最高順位は期間中の最も高かった順位、最低順位は最も低かった順位です。

データ：インテージ社のSRI+（全国小売パネル調査）のPOSデータを使用

して、1年を通じてよく買われているものもあります。

描く前は、なんとなくいびつな円の形になるのかと思っていたら、きれいな花が見えたのでとても感動しました。4年間を90度ずつで表現したときに、もしもコロナ禍で私たちの購買行動が大きく変わっていたら、上下左右で非対称になったり、コロナ前と残りの3年間が全く異なる形になるはずだからです。そういう意味では、マスクはこのグラフでもコロナ前後で形が異なっていて、季節性が変化したことがわかります。

20位に入るような必需品は、コロナ禍でも買われ方に大きな変化がなく、特にお盆、正月、バレンタインなどの季節の行動は大きくは変わらなかったことがわかりました。長年この仕事をしていると、描く前にある程度どんな形になるのか頭の中で見えてきます。でもそれでも、**ときどき想像を超えた結果が見られます。**そして同時に、品目の選び方で、桜、バラ、コスモス等、色々な花のグラフを描くこともできるなと楽しくなりました。

図20 生活必需品の季節性は花の形

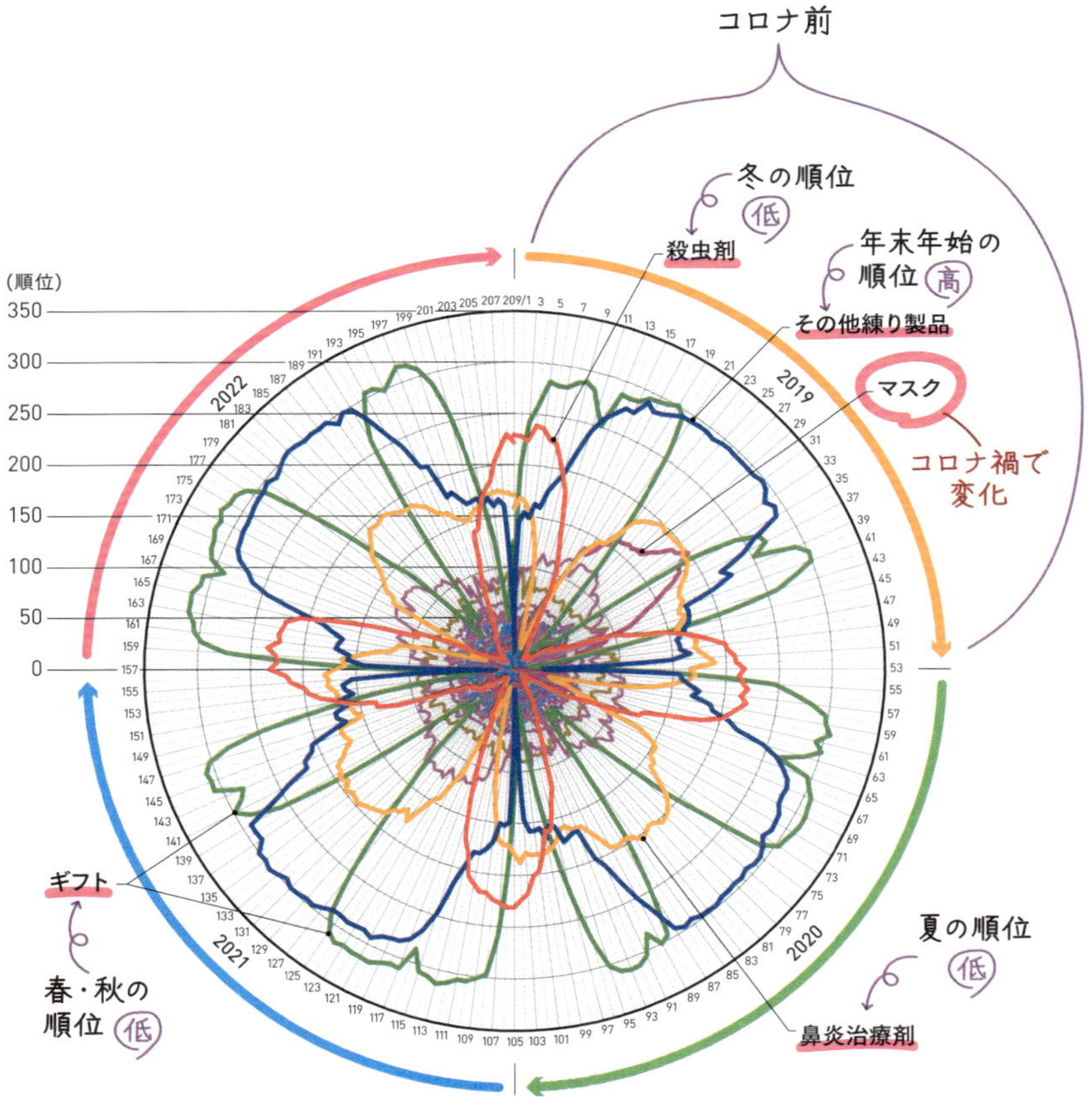

4年間通じて、上下左右対称に見える
→ 上位20位の品目の順位は安定
→ 季節性も安定（除く感染予防品）
⇓
花のように見える

データ：インテージ社のSRI+（全国小売パネル調査）のPOSデータを使用

第3章

データを組み合わせて解像度を上げる

食事の実態を明らかにする

まずはPOSデータで販売動向を調べる

通常は、データソースは1種類で分析することが多いですが、**指標に加工して、集計の粒度を揃えることで複数のソースのデータを組み合わせることができます。**最近はデータ分析に対して、解像度を上げるという言葉を使うようになりました。カメラやテレビの場合、画素数を上げるとより鮮明に対象を見ることができます。データで解像度を上げるというのは、より詳細でより大規模なデータを使うことを意味し、ときには複数のデータを使用して補完し可視化することを指します。複数の異なるソースのデータを組み合わせることは、統計分析の中では高度なことになります。なぜなら、キー変数で複数のデータを接続する必要があるからです。

ここでは、一番単純に時間方向の集計単位を揃えることで、ＰＯＳデータと家計簿データを接続し、１つのグラフにまとめます。新しいことや、複雑な事柄でも、パズルのように上手にデータを組み合わせて分析すると、説得力が上がります。

まずは、1つのデータソースで、コロナ禍の食事について見てみましょう。図21のPOSデータは、コロナ禍で、休業要請対象にならなかった、スーパーマーケットのデータです。お弁当、総菜や生鮮食品などのインストアコードの品目、飲食店などでの食事のデータは含まれません。外出を自粛し、家で食事をとっているという身近な行動でも、1つのデータソースで捉えるのは難しいのだなと実感しました。

でも、そもそもコロナ禍は誰にとっても初めての経験ですし、参考にできる理論や定説もあるわけではなく、しかも当初は混乱していたので、**自分の生活の変化や動線で考えてみる**ことにしました。当時の私の思考のパターンは、こんな感じでした。

図21　コロナ禍初期の食料品：自炊増で調味料が販売増

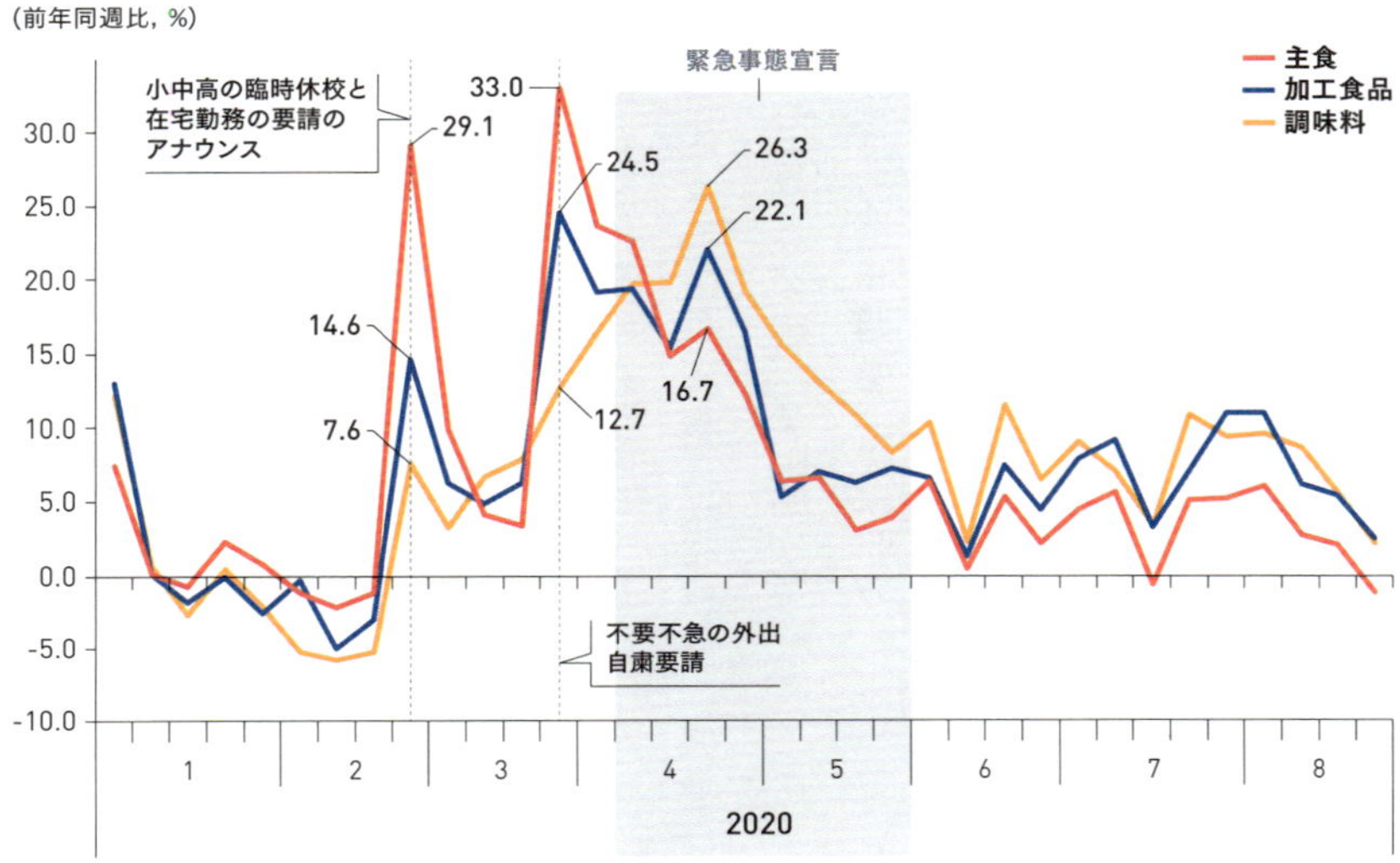

データ：経済産業省の「METI POS小売販売額指標［ミクロ］」を使用（インテージ社データ）

- 中食は見えないが、外食は明らかに減った→自炊すると増えるものは何かを考える→調味料に注目する。
- 手指消毒剤の代替消費として漂白剤の消費が増加→漂白剤の使用や皿洗い増により手袋が増えるのでは？

図21は、スーパーマーケットの食品の主食、加工食品、調味料の販売動向の週次の推移です。コロナ禍で、食品の購買行動に変化があったのは、3月2日からの臨時休校と在宅勤務要請がアナウンスされた2月の第4週でした。当初は調理不要、調理時間の短縮が可能な主食（米、パン、パスタ、カップめん等）や保存の利く加工食品（レトルト、冷凍食品等）が売れ筋で、主食は29・1％増、加工食品は14・6％増、調味料は7・6％増でした。その後、全国的な緊急事態宣言が現実味をおび、再び食品の買いだめ行動が広がり、3月の第4週の主食は33％増、加工食品は24・5％増でした。

図21で注目するのは、4月第2週に、調味料の前年同週比が加工食品を抜き、翌週には、調味料の増加率が主食を逆転し、4月20～26日の週には26・3％増となったことです。調味料は耐久財なので、買う頻度が加工食品より少なく、**平時は食品の中でも変動が安定しています。**その後7月の第1週まで増加率は高い順に、調味料、加工食品、主食が続きました。緊急事態宣言時には、飲食店の営業時間の短縮や休業要請により、一層家庭内で食事をとる機会が増え

ており、自炊の頻度が上がっていることが、調味料の販売増から見て取れます。

加工食品の中身を少し調べると、臨時休校と在宅勤務要請時には、パスタソースは前年同週比が約85％増、レトルトカレーは約79％増、米は約67％増、カップめんは約31％増でした。その後2週間は米とカップめんは前年と同水準、一方で、パスタソースとレトルトカレーの販売増は続きました。3月25日の東京都知事の不要不急の外出自粛要請後は、パスタソースは約１３４％増、レトルトカレーは約92％増、米は約58％増、カップめんは約28％増となり、緊急事態宣言前の買いだめが進みました。しかし、緊急事態宣言が発令されると急に前年水準になり、特に米とカップめんは以降も２０１９年と同水準となりました。このことは、図21から読み取れる自炊の増加と矛盾しません。このように食品について、**詳細な品目を見**

図22　感染予防品の品薄による代替消費：塩素系漂白剤と家庭用手袋

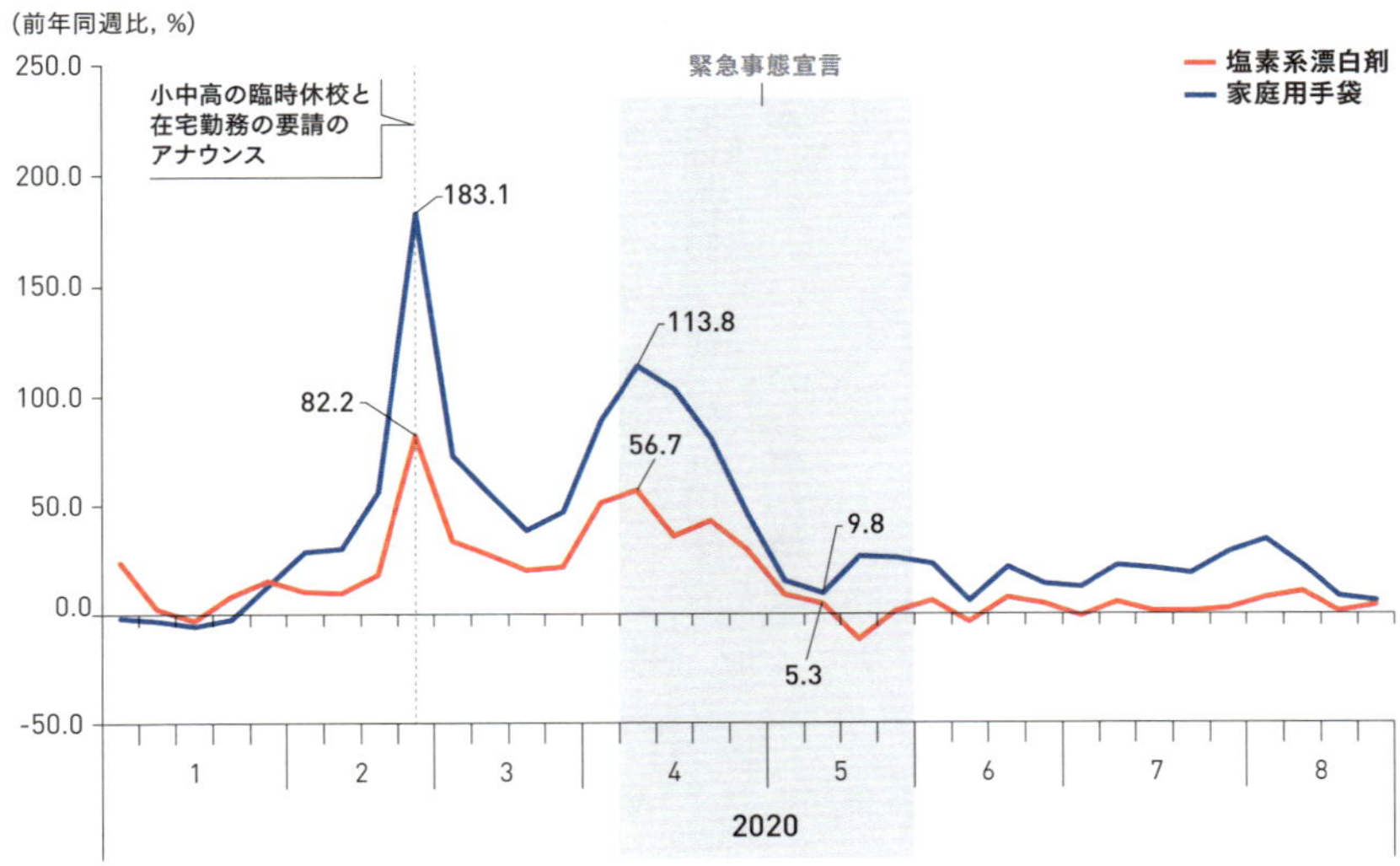

データ：インテージ社のSRI+（全国小売パネル調査）のPOSデータを使用

ることができるのがＰＯＳデータの強みです。

図22は塩素系漂白剤、家庭用手袋の販売動向のグラフです。1月30日のＷＨＯの緊急事態宣言以降、ウイルスを除菌する商品が爆売れしました。特に手指消毒剤、スプレーや液体タイプのアルコール除菌製品、シートタイプの除菌製品が店頭から消えたことにより、それらの代替品となりうるものの販売が増えました。その1つが塩素系の漂白剤で3月2日からの臨時休校と在宅勤務要請がアナウンスされた2月の第4週に約82％増となり、塩素系漂白剤を使用する際の家庭用手袋が前年の約2・8倍も売れました。アルコール系の除菌剤もマスク同様に転売が横行し品薄が続いたため、塩素系漂白剤と家庭用手袋の販売増が続きました。除菌製品が十分に供給され始めると、5月の第2週以降、塩素系漂白剤は前年と同様の販売額、家庭用手袋も前年の20％増程度で推移しました。コロナ禍では家で過ごす時間が長く、家での食事が増えたことにより、掃除や皿洗いの機会が増え、家庭用手袋は需要増が続いています。

「ＰＯＳ」と「家計簿アプリ」2つのデータで捉える

コロナ禍で、時間が経つにつれて、どうやって、ステイホームによるイエナカの食事を捉えるかという課題ができました。そこで、経済産業省のビッグデータプロジェクトに参加していたZaim社（当時）に協力を依頼し、家計簿アプリのデータと併せて、「食事」について見ることにしました。

コロナ禍の感染拡大初期は、調味料や食器用洗剤の販売増から、自宅での食事や自炊率の高まりを読み取りました。感染拡大の第3波（2021年1月）までは、POSデータで幅広い商品の販売増減を捉え、極端な品薄商品の把握、在宅勤務や外出自粛の伸展の観察が求められたからです。

やがて、新しい生活様式が定着すると、POSデータでは観察されない「中食（おにぎり、総菜、弁当）」「衣服」「家具」「DIY品」等の商品、サービスへの支出動向を調べなければ、コロナ禍の現状を把握したとは言えないという気持ちが強くなりました。

POSデータでは、飲食、旅行といったサービス支出の動きはわかりません。「食事」全体を知

図23　POSデータと家計簿アプリデータで食事を可視化

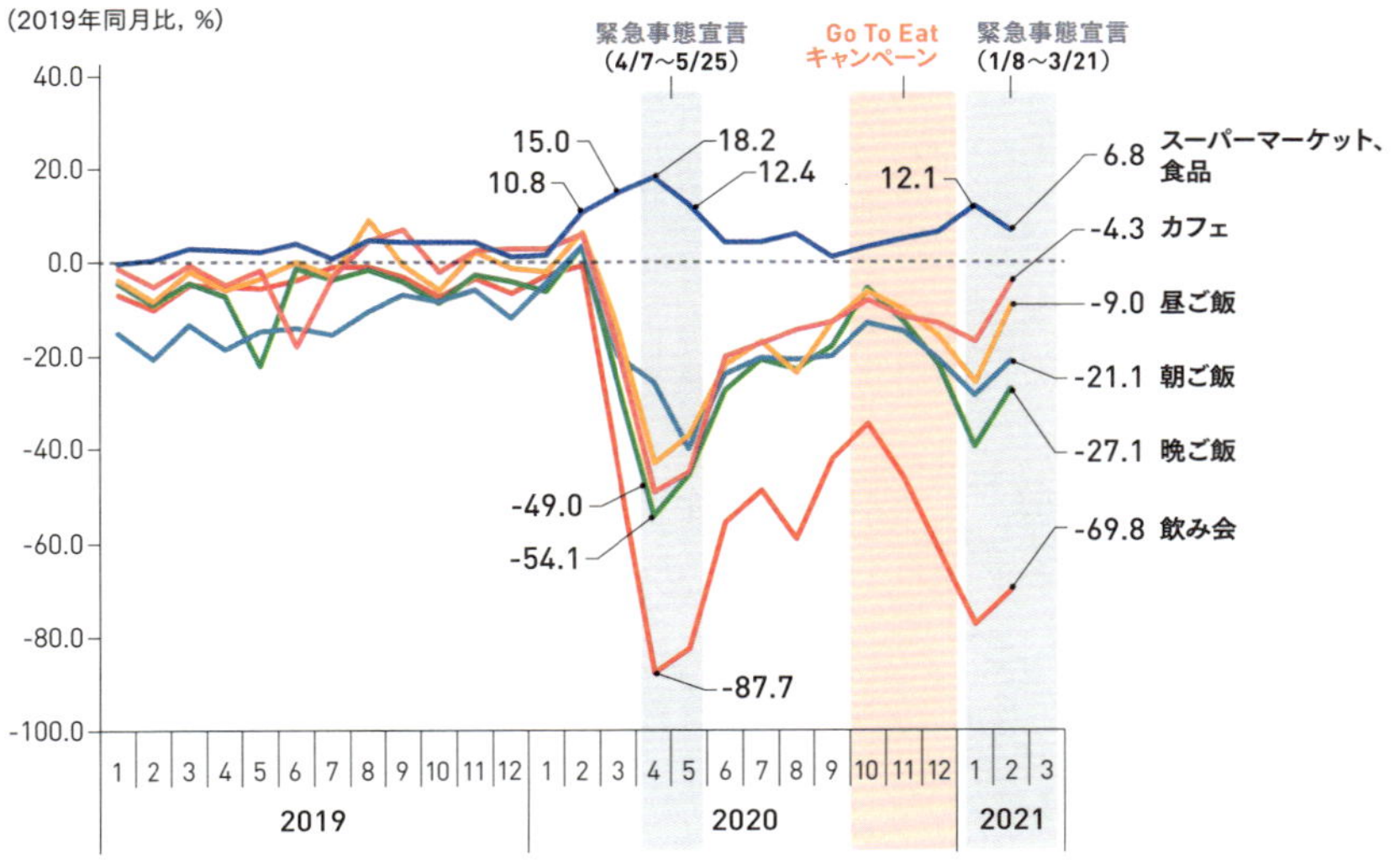

データ：食品は経済産業省の「METI POS小売販売額指標［ミクロ］」（インテージ社データ）、飲食サービスは「家計簿アプリZaim」を使用

るために、POSデータに加え、家計簿アプリを使って「カフェ」、「朝ご飯」、「昼ご飯」、「晩ご飯」、「飲み会」への支出を調べました。

図23は、食品販売額（POSデータ）と飲食への支出額（家計簿アプリデータ）の2019年同月比です。コロナ前よりも販売増だったのは、スーパーの食品販売額だけです。食品は生活必需品なので、平時の各月の販売額は安定しています。しかし、コロナ禍初期の、2020年2月から5月は10％を超えており、第1回目の緊急事態宣言時の4月は約18・2％増で期間中のピークとなりました。

一方で、家計簿アプリデータで調べた「飲食」への支出額は、コロナ前よりも低い水準になりました。最も影響を受けたのは「飲み会」です。第1回目の緊急事態宣言発令直後の4月には支出額が前年の約1割（マイナス87・7％）に落ち込みました。緊急事態宣言解除後は、各飲食サービスともマイナス幅が小さくなりました。しかし、第2波の感染者数がピークとなった8月に「飲み会」は悪化しました。その後のGo To Eatキャンペーン開始時には、回復の兆しがあるかと思われましたが、第2回目の緊急事態宣言時の2月には、カフェは前年の4・3％減、昼ご飯は9・0％減、朝ご飯は21・1％減、晩ご飯は27・1％減、飲み会は69・8％減の支出額と、飲み会は低い水準になりました。その後は、各サービスとも、同水準で留まっていましたが、第3回目の緊急事態宣言解除後は、カフェはわずかですがコロナ禍で初めての支出増となりました。一方、「飲み会」も浮上しましたが、コロナ前の6割程度に留まりました。

カテゴリをグループ分けしてみましょう。１つ目は、場所についてです。「飲み会」と「カフェ」は店舗での飲食が大半を占めますが、「日中の利用が多いカフェ」の回復が早かったことがわかります。

「朝ご飯」、「昼ご飯」、「晩ご飯」は店舗での飲食に加え、他の小売業で購入した総菜、パン、おにぎり、お弁当などを自宅で食べる中食支出も含みます。そのため、**同じ夜の時間帯でも、「晩ご飯」は「飲み会」よりも数値が常に高くなりました。**POSデータによるスーパーマーケットでの食品販売額は常に好調だったことと併せても、自炊や自宅での飲食の機会が増えたことがわかりました。

家計簿アプリのデータによって、食事の場所やタイミング別の比較ができることで、「日中利用の多いカフェ」と「夜間利用の多い居酒屋」という飲食業態ごとのコロナ禍の影響が明確に読み取れると思います。

必需品の「すごく売れた」を可視化する

図23でコロナ禍の下で前年より販売増となったのはスーパーマーケットの食品販売額だけで

した。２０２０年2月から5月で10％を超えており、第1回目の緊急事態宣言時の4月が18・2％増で期間中のピークでした。これがどれくらいのインパクトなのかを見てみましょう。

食品は生活必需品なので、通常各月の販売額は安定しています。２０１３～２０１９年の84か月を調べてみると、前年同月比で5％以上増えたのは5か月、5％以上減ったのは2か月のみで、増減率が10％を超えた月はありませんでした。つまり、コロナ禍では、平時より食品が売れていたことがわかります。

さらに図24で、台風時の買いだめと比較してみましょう。気象庁は２０１９年10月の第2週、大型で非常に強い台風19号が土曜日の夕方かそれ以降に関東地方に上陸し、東北地方を通過すると予測しました。関東地域の鉄道やスーパーマーケットは休業もしくは時短営業の計画を発表しました。これにより関東地方のスーパーマーケットの第2週の食品の販売額は前年同週比で約16％増となりましたが、台風通過後はすぐに元に戻っています。一方、２０２０年3月以降のコロナ禍を見てみると、台風時の買いだめを上回る週が複数あり、**台風に備えた買いだめ以上の買い物を続けていた**と言えます。

２０１９年10月の1か月集計では、前年同月比は3・6％増でした。台風のような瞬間的な販売増は月次集計すると平時との差が見にくく、さらに年次集計した場合には大きな台風の影響も見落としてしまいます。政府統計の多くは年次調査ですので、ＰＯＳの販売データや

Zaimの家計簿アプリのような企業が持っているビッグデータは、活用先がたくさんある宝の山といえます。

以上のように、2種類の消費データを使うことで、**食事に関する解像度がぐっと高くなります。**ソースの異なるデータを使う際には、前年同期比を使うことで金額規模や単位の違いを気にせず比較できます。また、同じ時期との差や比ですから、季節性も考慮した上で各月の比較ができます。

何を食べたかを業種分類（和食、中華、イタリアン等）で調べることも重要ですが、家計簿アプリデータの活用で時間×飲食業態ごとに、「いつ」、「どれくらい」の影響を受けたかを見ることができました。また、生活必需品の食品の変化の程度を実感し、見逃さないために、台風時との比較をしました。

図24　食品の買いだめ行動の可視化：台風とコロナ禍

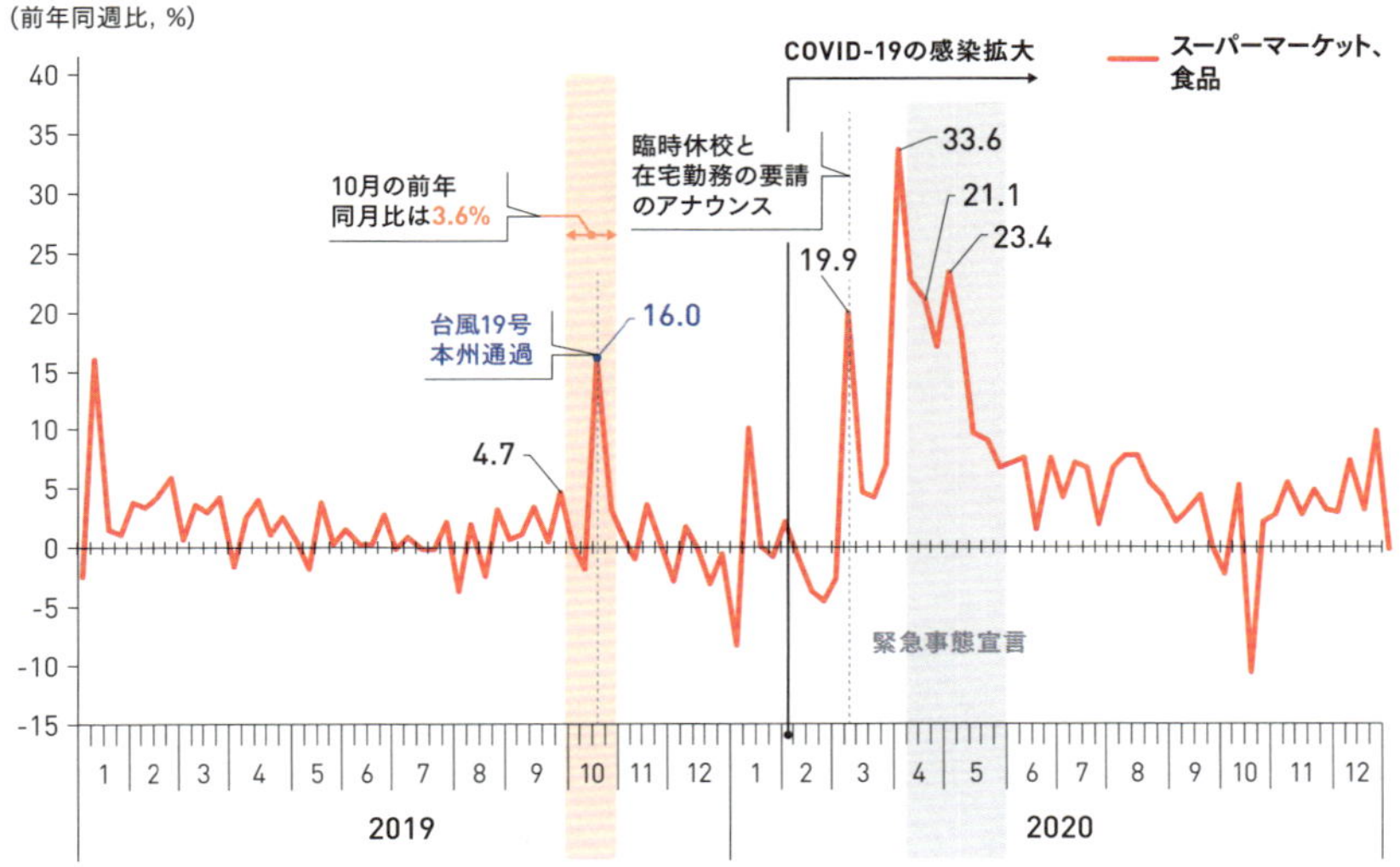

データ：経済産業省の「METI POS小売販売額指標［ミクロ］」を使用（インテージ社データ）

コロナ禍の宿泊業を分析する

「主観データ」の活かし方

経済分析では、客観的情報の活用が主流ですが、コロナ禍のような**未曾有の事態には複合的で即時性のある感情やムードがいち早く現実を教えてくれます。**ここでは、主観的情報と客観的情報を組み合わせて積極的に活用することで、地域の観光業（宿泊業）の実態を把握します。グラフ描画のひと工夫と客観データの併用で、地域×宿泊業の業況に感染状況やＧｏ Ｔｏトラベル政策が与えた影響を見てみましょう。

主観的な業況判断を聞く調査で、最も活用されていて、有名なのは、日本銀行の「短観」です。歴史も長く、数ある公的統計調査の中でもトップクラスの高い回収率を実現しています。大企業、中小企業双方の業態の経済動向を知ることができます。次いで歴史が長く回収率が高いのは、ここで用いる中小企業基盤整備機構の「中小企業景況調査」です。調査対象企業が約1万9000社と中小企業を対象とした景況感調査の中で最も多く、客体負担の観点から公的統計調査でアクセスしにくい小規模事業者（製造業、建設業は従業員20人以下、卸売業・小売業・サービス業は5人以下）が大勢を占めます。また、回答率の高さも第178回（2024年10～12月期）で94・5％と突出して高いです。期間の長さも特長で、1980年7～9月期の第1回調査から欠かさず40年以上実施されています。

マクロ的な視点で過去から現在までの事象と比較しながらコロナ期間を俯瞰したいと思います。ここでは、1994年Ⅱ期から調査が開始された、「今期の業況水準」のディフュージョン・インデックス（DI）を使います。DIとは、「良い」と答えた会社と「悪い」と答えた会社の比率の差であり（単位はパーセントポイント）、全員が「良い」と答えれば100％ポイント、全員が「悪い」と答えればマイナス100％ポイントになります。「良い」と答えた企業数と「悪い」と答えた企業数が等しいときに0になります。

図25　中小企業の業況判断DIの下位順位表

順位	製造業 業況判断DI（時期）	建設業 業況判断DI（時期）	卸売業 業況判断DI（時期）	小売業 業況判断DI（時期）	サービス業 業況判断DI（時期）
1	**-71.2（2020年Ⅱ期）**	-60.6（2009年Ⅰ期）	**-73.3（2020年Ⅱ期）**	**-72.1（2020年Ⅱ期）**	**-74.4（2020年Ⅱ期）**
2	-67.4（2009年Ⅰ期）	-57.4（2009年Ⅱ期）	-65.2（2009年Ⅰ期）	-66.3（2009年Ⅰ期）	**-59.4（2020年Ⅲ期）**
3	-66.3（2009年Ⅱ期）	-54.2（2009年Ⅲ期）	-64.4（1998年Ⅰ期）	-61.6（2002年Ⅰ期）	-57.8（2009年Ⅰ期）
4	**-66.3（2020年Ⅲ期）**	-52.3（2009年Ⅳ期）	**-64.3（2020年Ⅲ期）**	-61.3（1998年Ⅰ期）	**-55.7（2021年Ⅰ期）**
5	-63.1（2009年Ⅲ期）	-52.1（2008年Ⅳ期）	-63.6（1998年Ⅲ期）	-60.9（2010年Ⅰ期）	-52.4（2009年Ⅳ期）

※黄色の下線は、コロナ禍（2020年1月～）を示す
データ：中小企業基盤整備機構の「中小企業景況調査」を使用

図25は、31年間、122期の今期の業況水準DIを低い順に並べた下位の順位表です。同じことを線グラフで示すこともできますが、122期だと横に長いグラフになります。業況が悪化した時期に注目する場合は、**表にして順位で見る方がわかりやすい**です。第1回目の緊急事態宣言時の2020年4~6月期（2020年Ⅱ期）のコロナ禍の時期に、建設業を除く4産業（製造業、小売業、卸売業、サービス業）が過去約30年間での最低値となりました。

注目すべきはサービス業で、業況DIのワースト5位のうち3時点がコロナ禍の期間で占められています。サービス業を深掘りすると、特に緊急事態宣言発令時に急激に低下し、1回目が発令された2020年4~6月期は、飲食業がマイナス91・6、宿泊業がマイナス95・2とほぼ全員が「悪い」と答えました。その後も他業種が回復する中、緊急事態宣言、まん延防止等重点措置期間にDI値が下がり、期間外に改善するというのを繰り返しています。

「グラフ」と言っていますが、表にすることで、よりわかりやすいことがあります。

地域ごとの業況を重ねてみる

コロナ禍では経済指標の多くが、1回目の緊急事態宣言付近で大きく落ち込みました。中小企業の業況も2020年Ⅱ期（4~6月期）が底になっており、サービス業では飲食や宿泊と

図26　2019年～2022年の4～6月期の地域別業況判断DI（宿泊業）

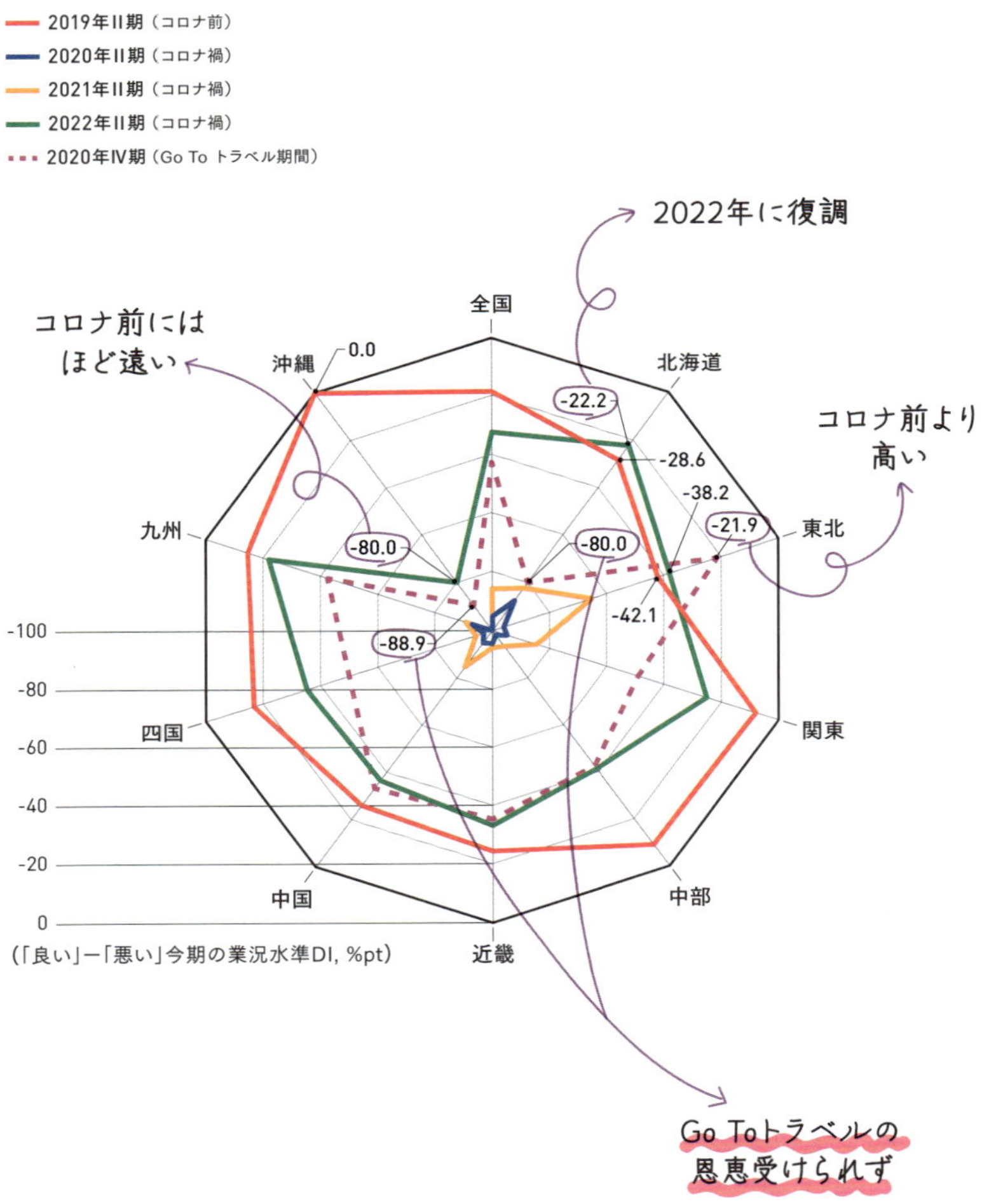

データ：中小企業基盤整備機構の「中小企業景況調査」を使用

いった観光関連のサービス業が長く大きな打撃を受けました。

図26で、全国と9地域の宿泊業の「今期の業況水準」DI値の推移を見てみましょう。最も業況が低かった2020年Ⅱ期（青色）と比較するために、コロナ前の2019年Ⅱ期（赤色）、翌年の2021年Ⅱ期（黄色）、翌々年の2022年Ⅱ期（緑色）を描画します。**同時期の比較により季節性を考慮することができます。**加えて、**Go Toトラベルキャンペーン期間の2020年Ⅳ期**（2020年10〜12月期）を紫色の破線で重ねます。

その頃「客観的指標」はどうだったか

図26より、コロナ禍前、東北地方は宿泊業の業況DIは最も低かったのですが、Go Toトラベルキャンペーン期間（2020年10〜12月期）になるとコロナ禍前を上回り、地域間で最高値になりました（マイナス21・9）。多くの地域が回復するなか、観光地として人気のある北海道はマイナス80、沖縄はマイナス88・9とDIが浮上しませんでした。

そこで、Go Toトラベルキャンペーン時の東北地方のDI改善と北海道・沖縄の落ち込みについて客観データと組み合わせて見ていきます。まず、内閣府の地域経済分析システム（V-RESAS）の「宿泊者数」を使用して、Ｇｏ Ｔｏトラベルキャンペーンの需要増を地域別に確認します。２０２０年Ⅳ期の調査日が含まれる11月第３週の前年同週比は、コロナ禍にもかかわらず、全国１２１％増、全ての地域で前年同週を上回りました。東北は２３０％増で、前年同週の３・３倍にもなります。一方、北海道は75％増（１・75倍）で、他地域と比較して低い伸びでした。沖縄はこの調査では九州・沖縄となっているので直接見ることができませんが、１１９％で全国平均を下回っていました。

続けて、なぜ東北6県の急激な需要増と北海道と沖縄がその波に乗れなかったのかを厚生労働省の「新規陽性者数の推移（日別）」という客

図27　各地域の新型コロナの感染者数の累積相対度数分布（2020年）

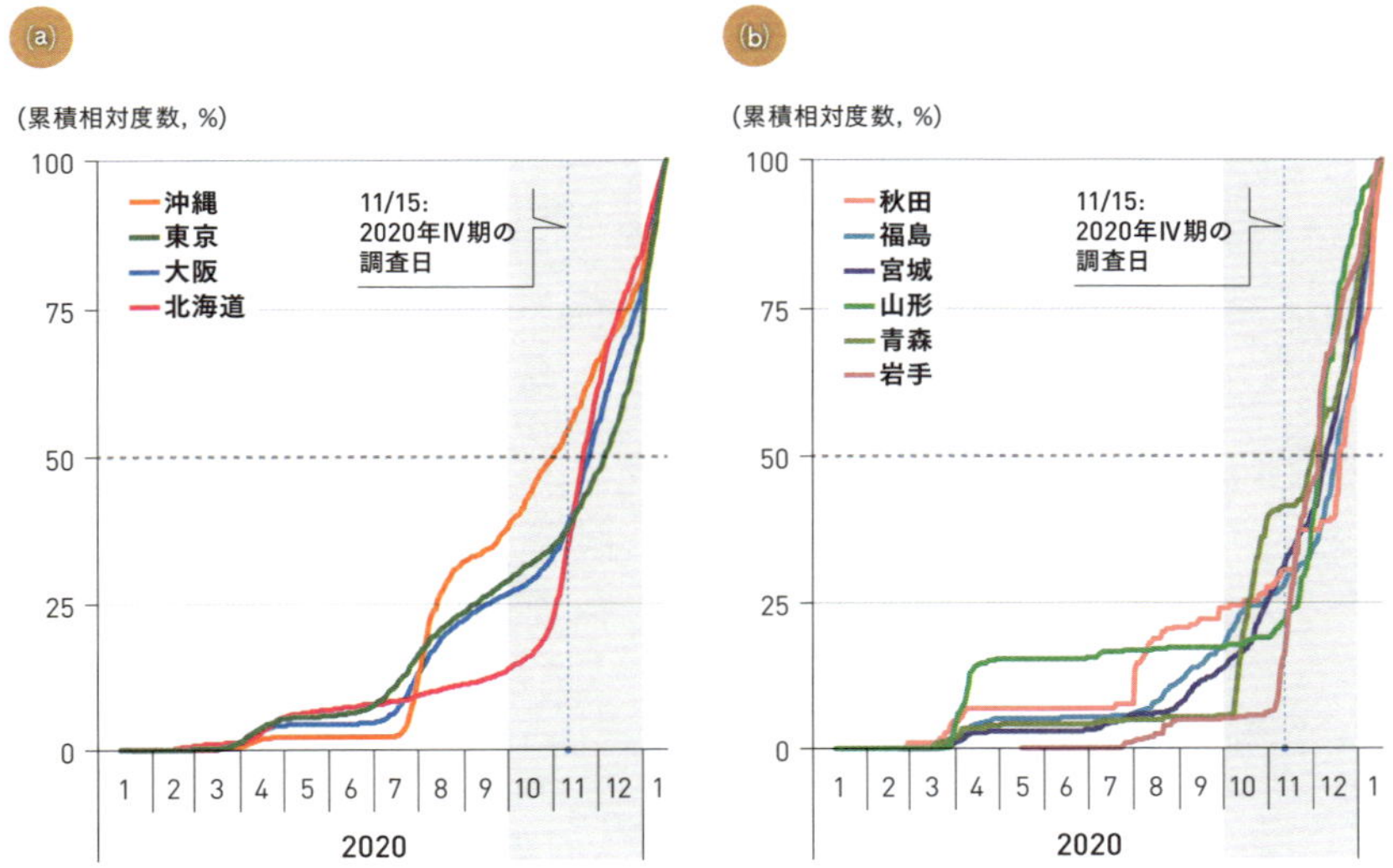

データ：厚生労働省の「新規陽性者数の推移（日別）」を使用

観的データでさらに見てみます。図27は、日々の感染者数の累積相対度数のグラフです。(a)は北海道と沖縄と、比較のために東京と大阪を加えました。(b)は東北地方の6県の結果です。2020年Ⅳ期を灰色で網掛けし、調査日の11月15日は青色線で示しました。沖縄は8月以降感染者数が急増し、調査日付近でいち早く全体の50％を超えました。北海道も10月に25％を超えた後はグラフが立ち上がり、短期間で急増しています。

一方、東北6県は、10月時点で全体の25％を超えておらず、(a)の地域と比較して下方に分布しています。青森は10月中旬、岩手と山形は景況調査の調査日付近まで総感染者数がほとんど変化していません。

この時期の東北地方のDI値の大幅な改善は、感染拡大のタイミングが他地域とずれ、低い水準を維持していたことと、Go Toトラベルキャンペーン時の需要増が要因であるといえます。

「主観データ」と「客観的指標」を組み合わせる

図26に戻って、2022年Ⅱ期のDI値（緑色）を見てみましょう。沖縄以外の地域は2020年、2021年と比較して大幅に改善しました。北海道はインバウンド需要で活況

だった2019年よりも高くなりました。一方、沖縄は2020年、2021年と**全企業が「悪い」と答え**、2022年も依然としてマイナス80と**8割の企業が「悪い」と答え**ており厳しい状況が続いています。

図28では、厚生労働省の「新規陽性者数の推移（日別）」と総務省の「令和2年国勢調査」を使って2022年1月から7月17日までの1週間の人口10万人あたりの新規陽性者数の推移をグラフにしました。北海道は人数も少なく、調査日付近に向かって減少しています。一方、沖縄の人口10万人あたりの感染者数は3月末から増え始め、ゴールデンウィーク以降ピークを迎え、以降も高止まり後に急増しています。沖縄の宿泊業が長期に渡り厳しい状況にあることがわかります。

図28　各地の直近1週間の人口10万人あたりの新型コロナの感染者数

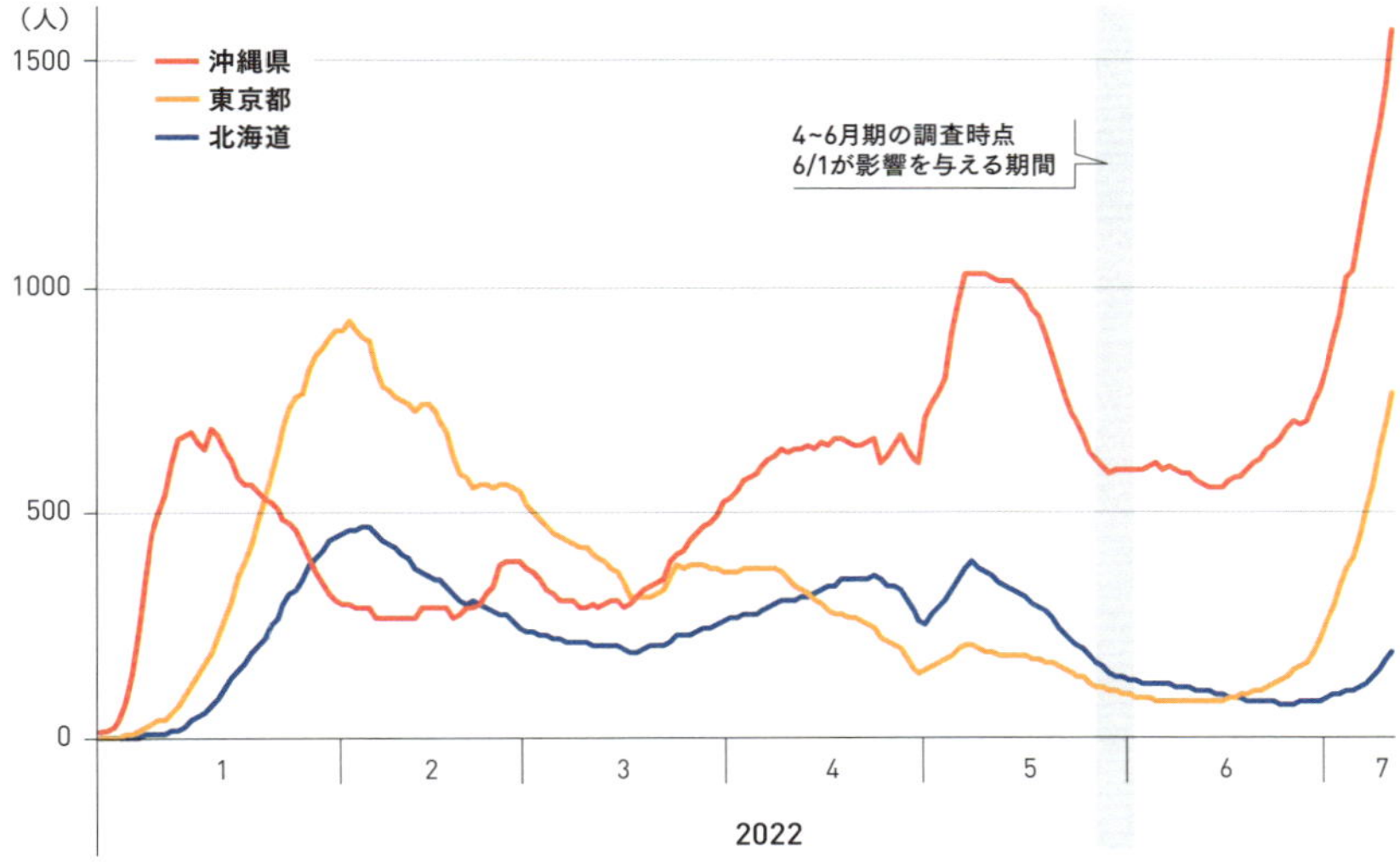

データ：厚生労働省の「新規陽性者数の推移（日別）」のデータと、人口は総務省の「令和2年国勢調査」を使用

このように、２０２０年Ⅳ期と２０２２年Ⅱ期の北海道と沖縄を比較することで、宿泊業の業況ＤＩと感染者数の増減に関係があることがわかります。また、**Ｇｏ Ｔｏトラベルの観光需要への影響は短期間かもしれないがあった**と言えます。客観的データを組み合わせることで、もう一段深い分析となります。

ペットと住まいについて考える

特別定額給付金でペットのお迎えが増えた？

私は公的統計調査についての仕事をしていて、**国や地方の統計調査で見ることが難しい業種や事象は何か、それをビッグデータで補完できないか**とよく考えています。ここでは、その1つで、気になっているペットについて複数のソースのデータでグラフを描いてみます。

第2章で、コロナ禍では、2020年の特別定額給付金の支給と外出自粛で冷蔵庫とパソコンの購入が増えたことを確認しました。総務省の「2020年家計調査報告」でも、2020年4月、5月に大きく落ち込んだ消費支出が6月に急回復した理由について、巣ごもり需要と在宅勤務に関する支出が増え、特に家庭用耐久財と教養娯楽耐久財が伸びたことが報告されています。

ステイホームが増え、あの頃何が話題だったかを思い出すと、ペットの動画やSNS発信、保護猫活動などが浮かびます。とても身近なペットですが、実は正確な頭数を知ることができるのは犬だけです。犬の登録は狂犬病予防法により義務づけられているので、厚生労働省の「都道府県別の犬の登録頭数と予防注射頭数等」で知ることができますが、猫は登録が必要ないので、知ることができません。そこでよく使用するのが、一般社団法人ペットフード協会（JPFA）の「全国犬猫飼育実態調査」です。およそ5万人の対象者へのアンケート調査での推計です。これにより、犬と猫の実態はわかりますが、うさぎ、小鳥、魚、爬虫類など他のペットの状況を知ることはますます難しいです。

ペットフード協会の結果によると、２０２０年に新たに飼われた猫は約46万頭で前年から約17％増、犬は約42万頭で約19％増でした。飼育のきっかけで最も多かったのは「生活に癒やし・安らぎがほしかった」と報告されています。

アンケートよりもカバー率が高いＰＯＳデータでもペット関連の消費動向を見てみましょう。図29は、ペット関連品目の販売額の２０１９年同週比で、経済産業省の BigData-STATS ダッシュボード（β版）で公表されているデータを使用しました。ペット用品は、お世話やトイレ等の日常生活に必要な消耗品（トイレの砂、シート、シャンプーなど）、ペット耐久用品は、主に飼い始めるときに必要となる餌用皿、給水機、首輪、リード、ケージなどが含まれます。

最初に販売増が見られたのは、３月２日の臨時休校と在宅勤務要請がアナウンスされた2月の第４週で、ペット用品が前年の約57％増となりました。マスク不足とそれに伴うＳＮＳでの紙製品が品薄になるというデマから、ペット用のおむつやペットシート等の買いだめが起こりました。一方、ペット耐久用品は約3％増と大きな変化は見られません。しかし、第1回目の緊急事態宣言中の5月第1週には逆転し、ペット耐久用品が前年の29・6％増となりました。

ここで何が起こっているのかを知るために、補助線として特別定額給付金の受給状況を確認してみましょう。4月27日に給付を開始し、6月5日には30・2％が給付済みとなり、およそ1か月後には90・9％が給付済みになりました。そのタイミングで、6月第1週にはペット耐久用品は35・6％増となり、コロナ禍の2年間のピークになっています。

特別定額給付金の期間で、消耗品のペット用品とペット耐久用品を比較すると、消費動向が異なるのがわかります。2020年9月第4週は前年

図29　コロナ禍に増えたペットのお迎え

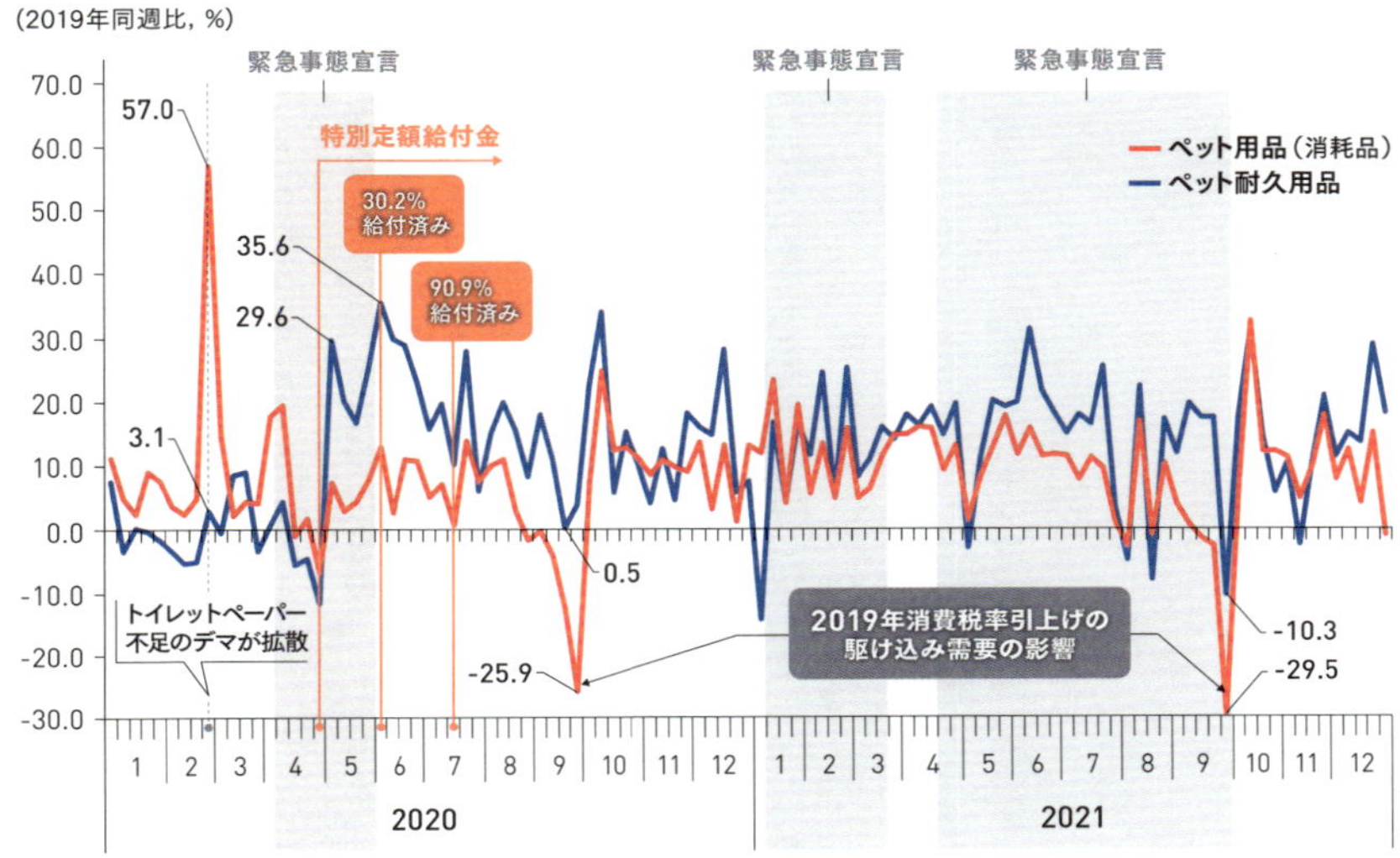

データ：経済産業省の「METI POS小売販売額指標［ミクロ］」を使用（インテージ社データ）

の消費増税の駆け込み需要の影響で、ペット用品は25・9％の販売減となっています。一方、耐久用品は0・5％増です。「ペット耐久用品」は高額商品が多いので、2019年の10月以降にペットを購入する予定があるなら、駆け込み需要が起きているはずです。それにもかかわらず2020年9月の第4週は反動減が見られず、駆け込み需要時とほぼ同等の販売額となりました。2021年9月は耐久用品が10・3％減となっていることからも、特別定額給付金の給付時期に、ペットを家族として迎え入れるための買い物が増えたと言っていいでしょう。

さらにPOSデータでペットの食事について見ると、ドッグフードより、キャットフードやその他（小鳥、魚、爬虫類など）の販売額の2019年同週比が高いことも確認でき（キャットフードは概ね20％増で推移）、ペットフード協会の推計で猫のお迎え数が多いこととも矛盾しませんでした。

他のアンケートを流用したら見えてきた

最新の2023年の「全国犬猫飼育実態調査」によると、犬は前年より20万頭減少し飼育頭数は約684万頭、猫は約23万頭増で約907万頭です。飼育数は依然として多く、特に猫の飼育数が増加しています。

同調査では非飼育者の「ペット飼育の阻害要因」も調査していて、現在飼育していない最大の理由は「集合住宅（アパート・マンションなど一戸建てでないもの）に住んでいて、禁止されている」を選んだ人が、犬は21・5％（n＝727人）、猫は26・6％（n＝601人）で1位となっています。最大の阻害要因としてパッと浮かぶアレルギーや経済的理由を大幅に上回り1位です。

家を借りたことがある方ならお気づきだと思うのですが、検索条件に「ペット飼育可」を加えると、件数がぐっと減ります。ペットと住居形態の現状を調べたいと思いつつも、1つの案件で調査をするのは予算や時間の制約で難しく、数年諦めていました。

その後、第6章で紹介する「備えに関する調査」で、本人、家族、同居者に「避難行動要支援者」の有無を質問する中で、ペットを大事な家族として加えることになりました。そして、「備えに関する調査」では在宅避難の可否、自宅での備えも調査対象となるので、住居形態も調査しました。これで、地域別のペット（犬、猫に限らず全ての種別）と住居の状況を見ることができるのでは！と描いたのが図30です。最新のペット×住まいの結果を見てましょう。

2024年5月に実施した「備えに関する調査」の対象者2万1501人のうち、ペット飼育者は17・5％でした。また、住まいの種類は、持ち家戸建て、持ち家マンション（分譲）、賃貸戸建て、賃貸集合住宅（マンション・アパート・公営）、社宅・寮、その他の6種類です。左側は、賃貸の戸建て（赤色）、賃貸の集合住宅（青色）、右は持ち家の戸建て（赤色）、持ち家の集合住宅（青色）です。点線は、全国×全住まいの平均飼育率17・5％です。縦軸は住まいの種類ごとのペットの飼育比率、横軸は戸建てまたは集合住宅比率です。バブルの大きさは住まいの種類ごとの人数です。

左右を比べると、全体の平均値を上回る地域が多いのは、持ち家の右側の図です。特に持ち家の戸建ては、4県以外が平均より高くなりました。4つの組み合わせでは、沖縄と東京を除いて、最も持ち家戸建の比率が高いです。左側の賃貸の戸建ては、人数は少ないですが、ペット飼育率について都道府県間でばらつきが大きく、半数以上が平均飼育率より高いです。

一方で、集合住宅については、賃貸では全ての都道府県で平均飼育率を下回りました。持ち家として集合住宅に住んでいる人たちのペット飼育比率も平均値を超えたのが10地域だけで、残りの37地域は平均を下回りました。賃貸か持ち家かにかかわらず、集合住宅での飼育が困難なことがわかりました。**「ペットを飼うか、家を買うか」**という言葉が頭をよぎります。**ペット需要の高まりに合った、住宅供給数や種類について考えるきっかけ**に使えそうです。滋賀県や石川県のような賃貸の集合住宅の飼育率が低い県のペットを取り巻く環境がわかればペット

図30 住まいの種類とペットの飼育率（持ち家・賃貸）

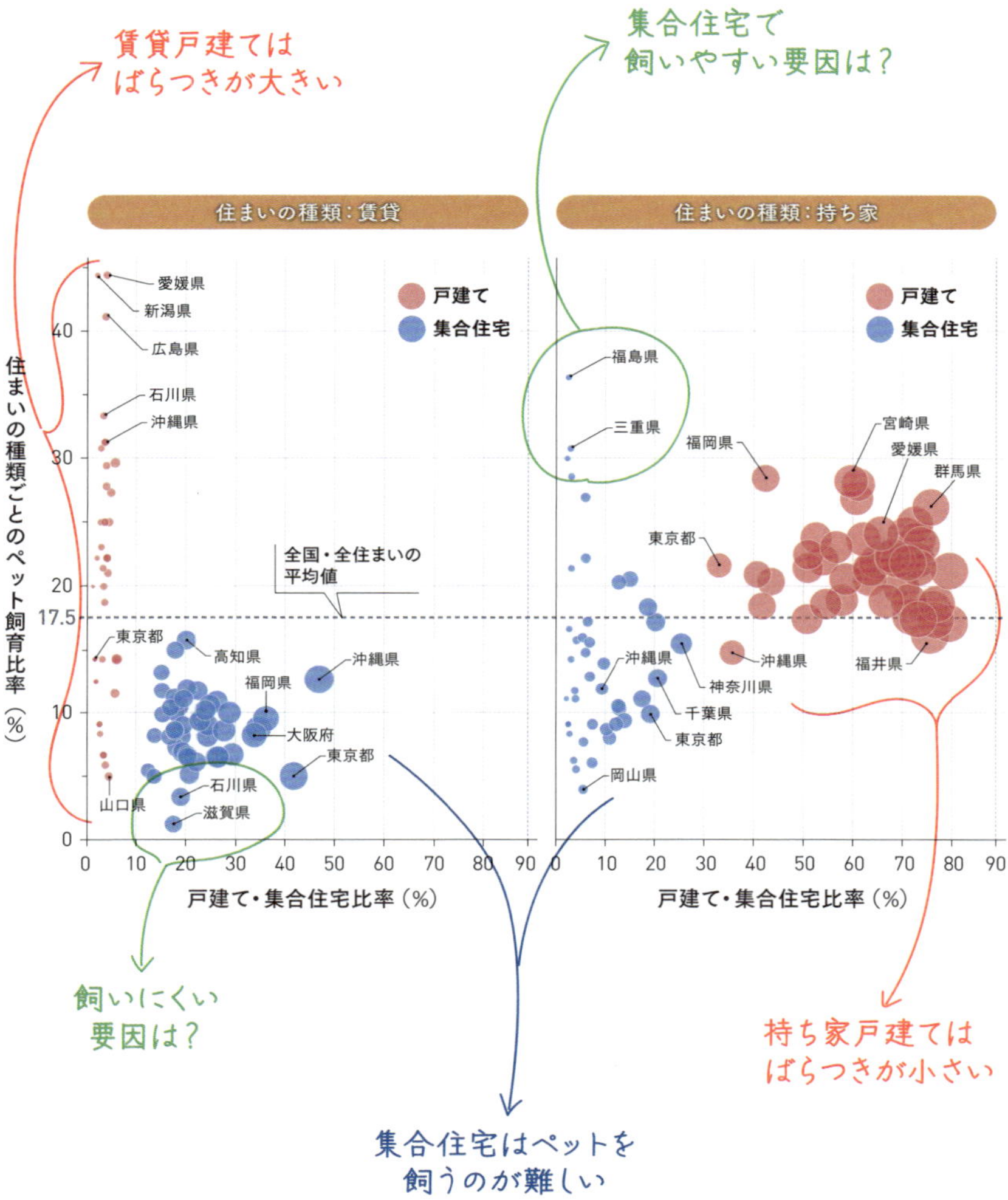

※バブルの大きさは住まいの種類ごとの人数

データ：筆者ら独自の「自然災害への備えと復興に関する調査」を使用

対象者：全国20〜79歳男女／サンプルサイズ：n=21,501／調査実施期間：2024年5月

を飼うときの阻害要因がよくわかるかもしれません。逆に、福島県や三重県のことを調べれば、集合住宅でもペットが飼いやすくなるヒントがわかるかもしれません。

第4章
人の動きを把握する分析

大きな構造変化が起こったときの分析

数字で見る「インバウンドブームはいつから？」

日本経済の中で、最近需要が高まり、景気に好影響を与えているものの1つは間違いなくインバウンド市場です。コロナ後、急激に訪日旅行者は増えていますし、増加のスピードも、好みの変化も速く、ビジネスチャンスが多分にあります。

しかも、コロナ禍の出入国制限で、一般の観光客が入国できなくなるという**自然実験のような環境**にもなりました。ここでは、大きな構造変化が起こった場合におけるグラフの描き方の工夫を紹介しながら、コロナ前から、コロナ禍、コロナ後の旅先の変化を見ていきます。

まず、図31で2003年以降の日本政府観光局（JNTO）の訪日外客数の推移を見てみましょう。期間を2003～2014年、急増している2015年からコロナ前の2019年、コロナ禍からコロナ後の2020年以降の3色に分け、エクセルのツールでそれぞれに近似直線を引きました。２００３～２０１４年は近似直線の水準も傾きも２０１５年以降よりかなりフラットになっています。２０１１年は東日本大震災の影響で、２０１０年より少なくなりましたが、その後は震災前のペースで増えていることがわかります。

２０１５年は水準が一段高くなり、近似直線の傾きからそれまでの増え方よりスピードが格段に上がっていることがわかります。**２０１５年は、インバウンド観光市場で構造変化が起こった**と言えそうです。なにがあったのかを定性的にみてみましょう。

２０１５年は、１月19日から中国人に対するビザ発給要件の緩和がありました。訪日旅行者の４人に１人は中国からという点からみても、２０１５年を機に訪日需要が高まったと言えます。また、財務省の発表によると２０１５年の日本の旅

図31　訪日旅行者数の推移と近似値

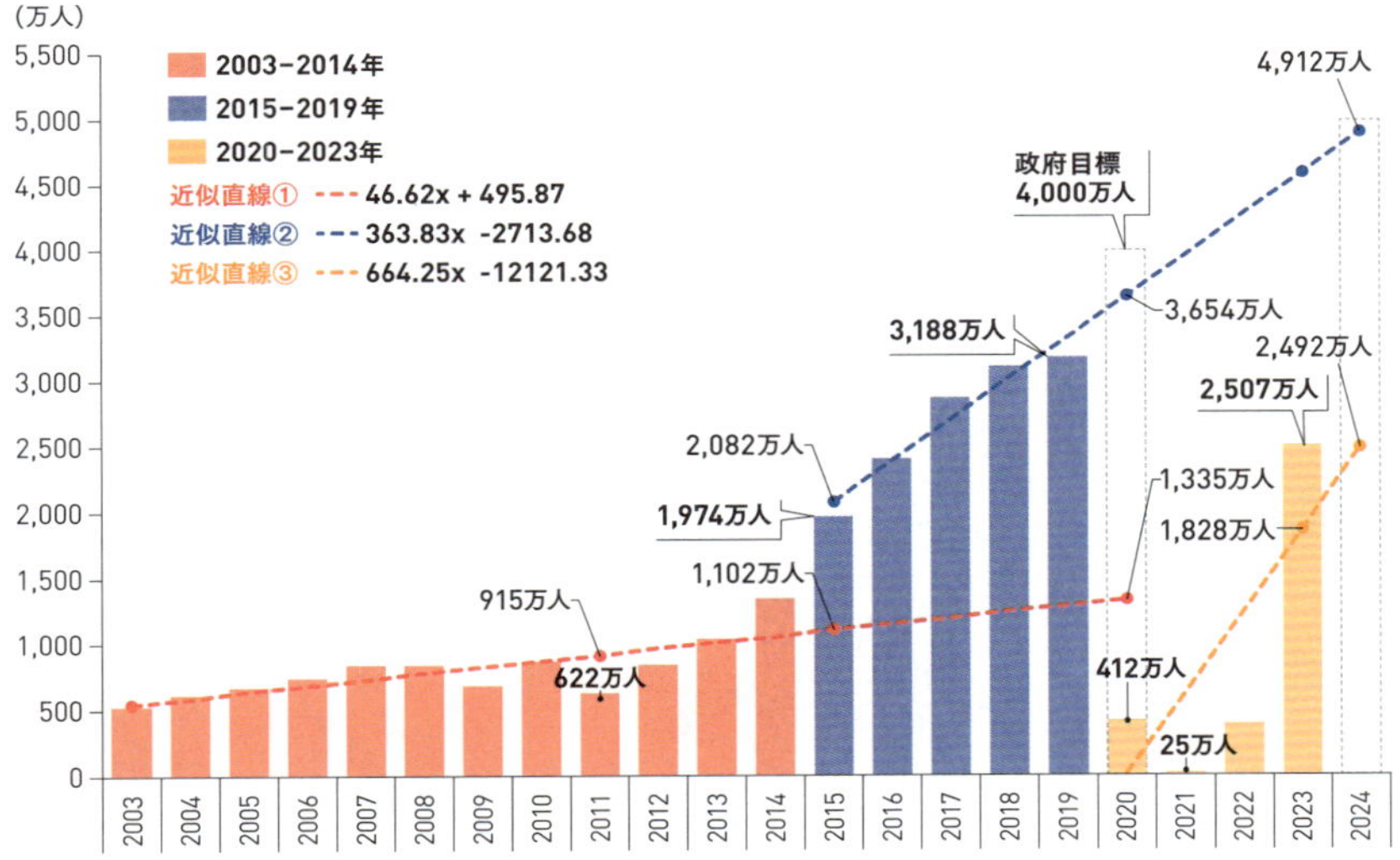

データ：日本政府観光局（JNTO）の「訪日外客統計」を使用

行収支は約1・1兆円で53年ぶりに黒字になり、ＪＮＴＯによると、２０１５年の訪日外客数は、前年比47・1％増の１９７４万人で45年ぶりに訪日旅行者数が出国日本人数（アウトバウンド）を上回りました。つまり、定量的にみても、定性的にみても２０１５年がブームの開始時といってよいでしょう。

図31の２００３～２０１４年の近似直線①は、２００３～２０１４年の訪日旅行者数に対して、２００２年を０とし、２０１４年までの各年との差で説明した回帰直線の結果です。２０１４年以降は直線①に２００２年からの差の年数を当てはめた数字で予測しています。直線①での２０１５年の訪日旅行者数を予測すると、１１０２万人で、実際の１９７４万人とは倍近く乖離《かいり》しています。このことからも、**２０１５年はインバウンドブームによる構造変化があった**といえそうです。

直線①での２０２０年予測は、１３３５万人、直線②では３６５４万人でした。２０１９年の実績値が３１８８万人であることから考えても直線②の値は現実的です。もしも２０２０年が平時で、オリンピックが開催されていたなら、２０１２年に立てられた目標４０００万人が達成されたのではと予想できます。しかし、実際は、コロナショックが起こり、２０２０年は４１２万人に急激に減少し、２０２２年までの出入国制限により、当時の政府の見立ても図31の予測も大幅な下方修正が必要なことがわかります。

つまり、線形回帰分析では、急激な構造変化を予測することは不可能に近いことがわかります。また2023年には、コロナ前の2016年程度に急激に訪日旅行者が戻ってきました。この空白の数年を含む直近の2024年までの期間をどうやって分析するのかは、悩ましい問題で知恵が必要です。

観光地の魅力って固定的なの？

コロナ禍を含みながら分析する手法の1つは、**規模の情報を捨てて、順位の情報で分析すること**です。もちろんどの国からも全く入国者がいなければ順位を出すことも難しいのですが、図31より最も少なかった2021年でも25万人の入国者がいることはわかりますので、順位を出すことはできます。ここからは、順位で見ていきましょう。

もしも観光地としての各地域の魅力が季候、地理的特性、文化など長期間かけて複合的に形成されたもので決まってしまうなら、近くの県とは似たような特徴を持ち、**観光地人気ランキングは固定的で変化が少なくなる**はずです。

図32と図33は観光庁の「宿泊旅行統計調査」の日本人旅行者と外国人旅行者の都道府県別の延べ宿泊者数（人数×宿泊日数）について、インバウンドブームが加速した2015年からコ

ロナ禍を経た2023年の順位をグラフにしたものです。なぜ旅行者数ではなく延べ宿泊者数かというと、一般に旅費の3割程度が宿泊費と言われ、日帰りや立ち寄りよりも、宿泊してもらったほうが、多くの消費をしてもらえることから、**観光業では、宿泊者数（Guest数）がアウトカムとして重要視されるから**です。

この図は、2015年から2023年の滞在先人気ランキングの変動をランククロックで描画しています。**人気ランキングをあらわすとき、よく使われるのが表です**。でも、複数年のランキングを載せても地域間の順位変化を比較しにくいです。時間方向の変化を表現するには線グラフが便利ですが、**期間が長くなると始点と終点を目で比較するのが大変です**。その点、この図だと時計の12時の位置から2015年、2016年と進み、2023年で1周するため、**始点と終点の比較が容易です**。中心が1位の地域で順位が下がるほどに外側に広がっていきます。47都道府県の順位が期間中一定なら全ての線が同心円状になります。線がクロスしたり、色が途中で変わるのは、各地域の順位が変化していることを表します。

まず、ぱっと図32と図33を比較して、どんなことが読み取れるでしょうか？　時計の6時の位置に2019年が来るように描いたので、右側がコロナ前、左側がコロナ禍〜コロナ後になります。上下で比較すると、日本人旅行者はコロナ前もそれ以降も滞在先の順位が安定していることがわかります。一方、インバウンド旅行者は、コロナ禍〜コロナ後で交差が増え、順位変動が激しいことがわかります。さらに、1位が東京なのは同じですが、それ以降は色味が異

図32　宿泊先順位のランククロック（日本人）

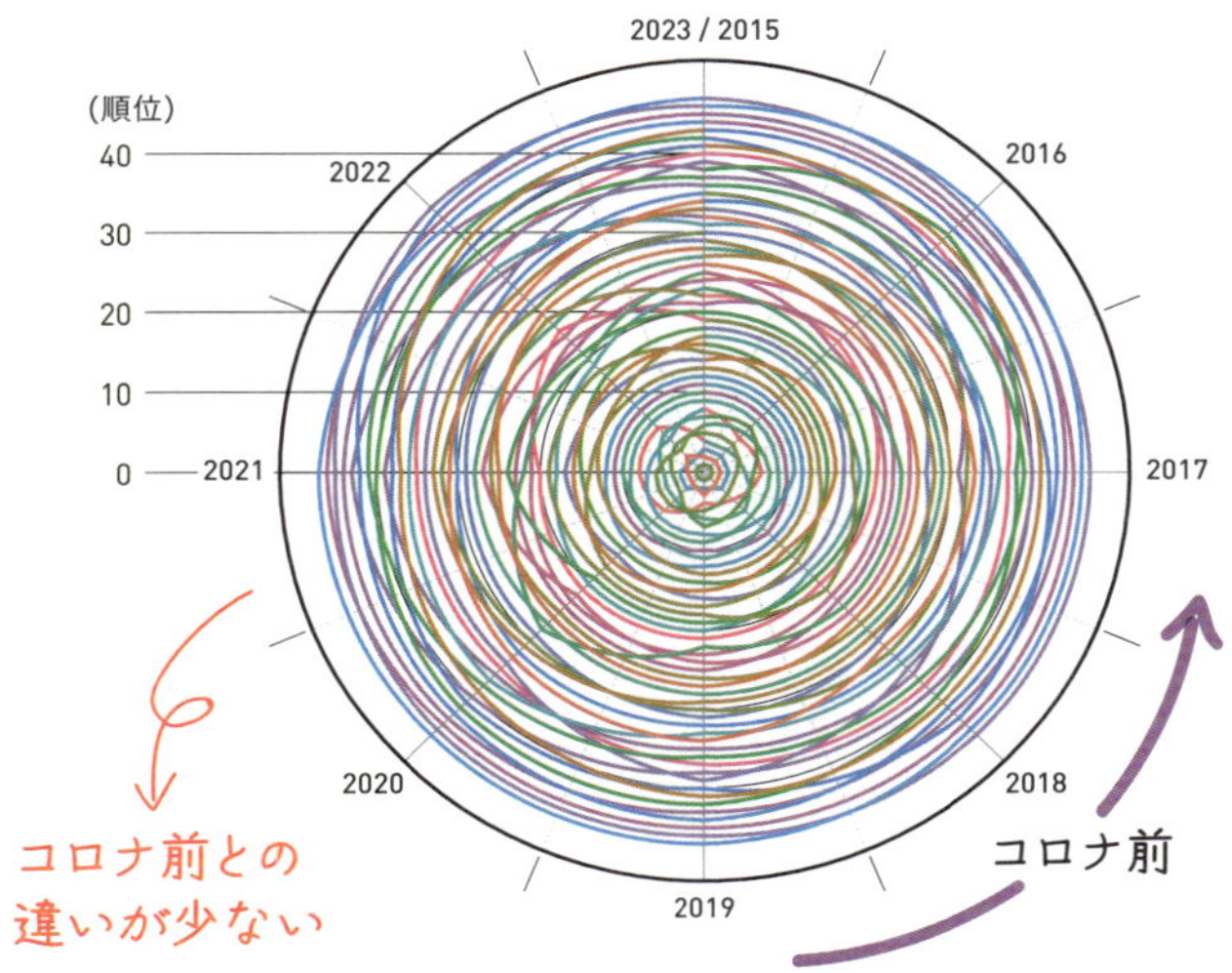

図33　宿泊先順位のランククロック
（インバウンド）

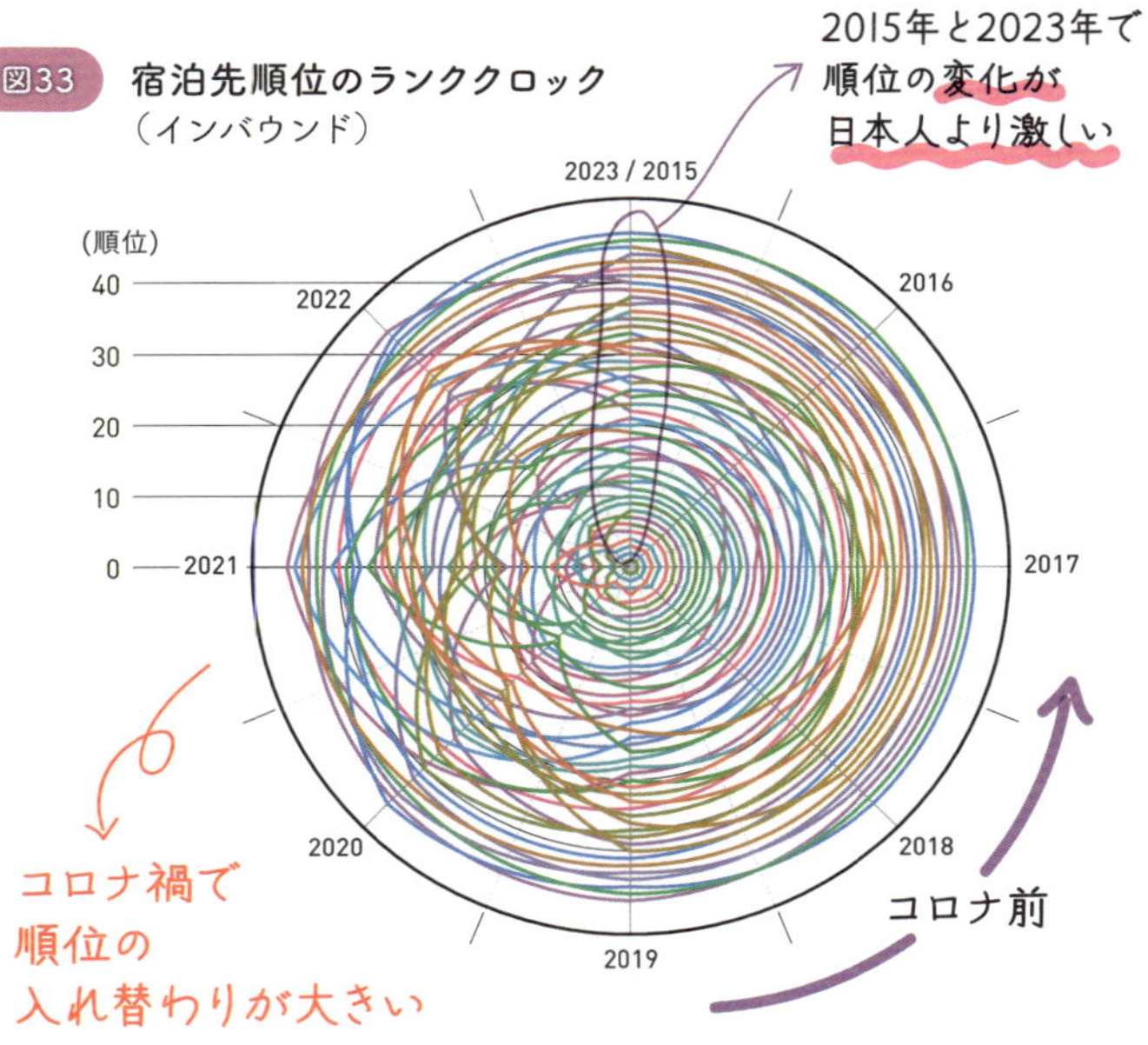

データ：観光庁の「宿泊旅行統計調査」を使用

なっていて、ランキング内容が異なっていそうだなということも慣れてくるとわかります。

色味を見てみると、日本人旅行者は、首都圏からアクセスがしやすい南東北、北関東の色味が高順位の内側に多いことがわかります。一番外側の順位が低いところは中国地方の色味が強いです。一方で、インバウンド旅行者では、東北〜北関東の色は順位が低い外側に散見し、東アジアから近い九州地方の色味が内側に見えます。

つまり、日本人にとっての行き先や人気は固定的ですが、インバウンド旅行者は、日本人とは異なる嗜好を持ち、その魅力は短期的にも変化し、コロナ前と同じく人気な場所もあれば、需要が戻ってこない地域があることがわかります。**地域による受け入れ側の努力が、観光地としての人気に影響する余地がある**と私は解釈します。

グラフを描くうえでのメリットは、**順位は規模の情報を含まないので、急激な旅行者の増減が起こる大きな構造変化があったとしても、分析しやすい**ことです。

一見、無相関の中に相関を見つける

順位の変動をランククロックで見ることで、日本人旅行者とインバウンド旅行者の違いが見えましたが、地域の成長度合いはどうなっているでしょうか？　成長率の計算は「人数」という規模の情報を使います。終点はコロナ禍を含むと何年にするかでころころ変わってしまうので、ここではコロナ前までの期間で分析します。

２０１１年から２０１９年の延べ宿泊者数の「年平均成長率（Compound Annual Growth Rate：CAGR）」を計算すると、日本人旅行者は２・４％、インバウンド旅行者は25・８％でした。**2時点の間に複数年ある場合は、前年同期比ではなく年平均成長率で計算したほうがより現実に合った結果**になります。

インバウンド旅行者は、順位の変動も規模の変動も大きいようです。実際、どこが成長していたのかを見てみましょう。図34は縦軸に日本人旅行者の延べ宿泊者数の年平均成長率、横軸にインバウンド旅行者の年平均成長率とする散布図です。まず両者の軸のレンジ（範囲）に注目しましょう。日本人旅行者の成長率がマイナス４％から10％と狭いのに対し、横軸の範囲は0％から50％と広いです。インバウンド旅行者が減少している都道府県は無く、全ての都道府県が10％を超えています。

散布図は、右上がり、右下がりの傾向は見て取れず、なんとなく円のように分布しています。相関係数を計算すると、日本人旅行者とインバウンド旅行者の成長率の相関係数はマイナス０・０９７で統計的な検定を行うと相関関係がないことがわかりました（5％水準で非有意）。人数ではないので、**人気度の相関ではなく、成長の度合い同士は相関がない**ということです。

バブルの色は、インバウンド旅行者数の成長率の値によって、10％～20％は緑、20％～30％

は青、30%~40%はオレンジ、40%以上は赤で色分けしています。最も成長率が高かったのは、香川県で46・4%、最も低かったのは茨城県で11・9%でした。

さらにもうひと重ねしてみましょう。バブルの大きさで2011年時点でのインバウンド旅行者の人数を表しました。インバウンド旅行者の上位滞在先は、1位から東京都、大阪府、千葉県、北海道、京都府、愛知県、神奈川県、福岡県、沖縄県、兵庫県でした。

成長率が40%以上の香川県（滞在先順位34位）、奈良県（滞在先順位39位）とその近くに分布している黄色の範囲を見てみましょう。バブルが小さく2011年の滞在者数が少なかったという特徴が見えます。言い換えると、**初期時点の滞在客数が小さい県が大きく成長し、負の相関がありそうです。**もし、この構造が続くならば、初期時点でインバウンド旅行者が少ない地域でも今後多くの観光客が訪れる可能性があるので、希望が持てますね。

経済学では、**初期状態の経済水準と成長率に負の相関があると、水準が低い地域は早く成長し、もともと水準が高い地域では成長が鈍化する**ことにより、時間が経過すると全ての地域の成長率が一定の状態になると考えます（定常状態に収束する）。このような現象を、β収束と呼び、なんだか難しく聞こえますが、仕組みは散布図に初期の規模を重ねると見えてくるので、相関以外に言えることがないかな?とか、成長率でグラフを描いた際には見てみるといいと思います。

図34 日本人／インバウンド旅行者のCAGRの散布図（2011〜2019年）

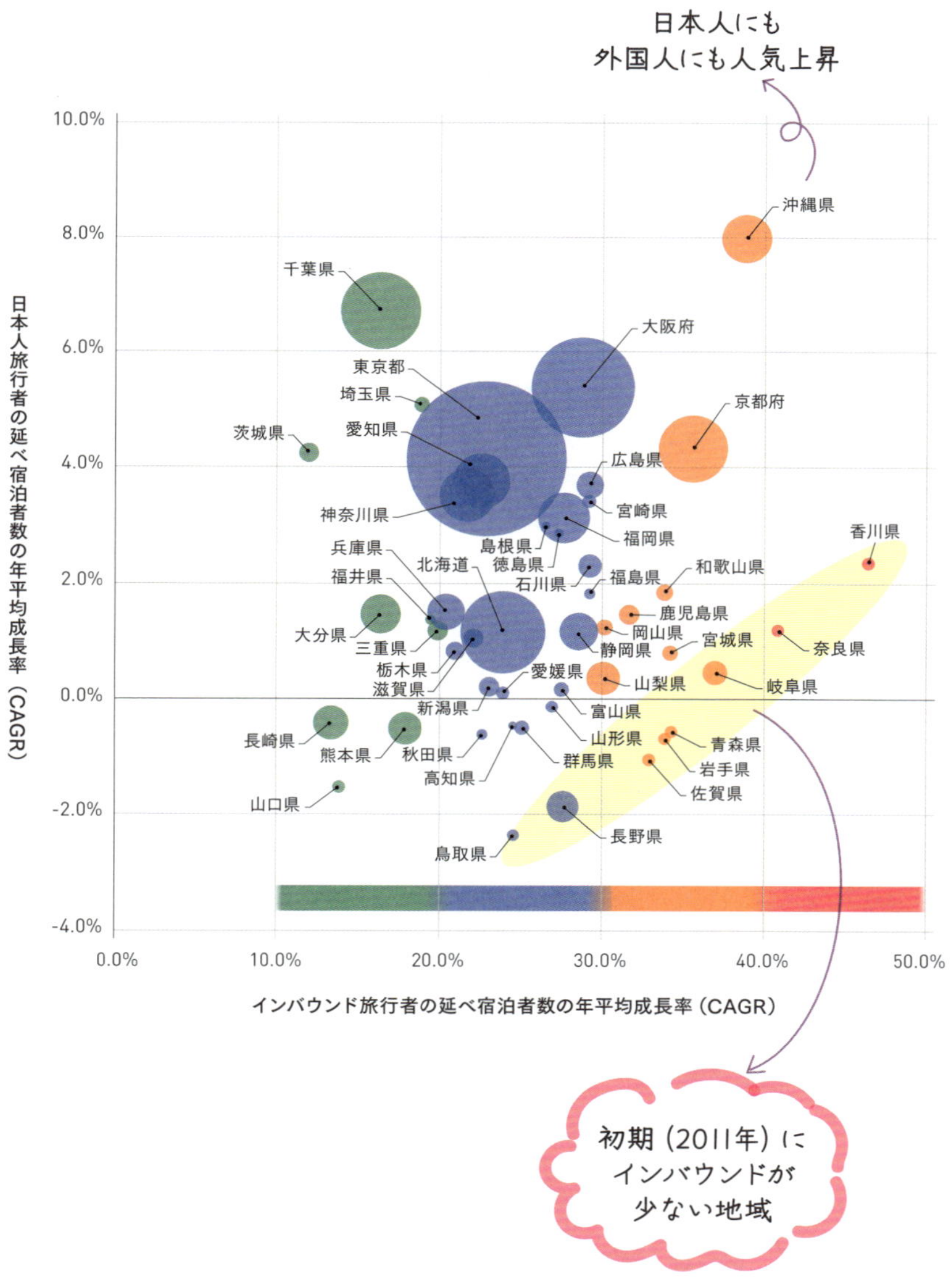

※バブルの大きさは、2011年のインバウンド旅行者の延べ宿泊者数
データ：観光庁の「宿泊旅行統計調査」を使用

これらの地域の取組みの一部ですが、香川県は3年に1度「瀬戸内国際芸術祭」を開催し、県の観光HPの多言語化も進んでいます。佐賀県や青森県は海外の人気映画やドラマのロケ地となっています。現状インバウンド旅行者の4割は関西地方を訪れるため、奈良県はその需要を獲得しています。グラフは、**47都道府県のどこを見るか、深掘るかのヒントになり、新しい気づきを得る**きっかけをくれます。

もう1つ、黄色の地域だけ抽出すると**右上がりの傾向**がありそうですね。推測の範囲を超えませんが、肌感覚としては、9年間の期間でインバウンド旅行者が増えた地域に日本人旅行者の関心も増えて、日本人の成長率も高くなったのではと考えると納得感があります。一見、無相関な散布図の一部に**相関がありそうな場所を探すこともポイントです。**相関の強弱が分析にとって重要な場合は、**性質が似ている（この場合は初期時点の人数が少ない）もので分析する**ことが大事だからです。

統計学をよく使う人は、データのばらつきが大きいと相関が弱くなることが多いので、残念がります。でも、ビッグデータだったり、範囲が大きいデータに対して、線形関係のみを見る相関係数では、そもそも何を見ているのかよくわからないことも多々あります。そんなときに、ある切り口（今回は初期水準）の情報を重ねると、共通の特徴を持つサブサンプルが見つかり、**範囲を絞ることで相関関係が見える**ことがあります。

このアプローチは、回帰分析の説明変数の見つけ方に通じます。回帰分析では、なんだかわからないけれど共通項がありそうな状態のとき、例えば地域分析で地域ごとのダミー変数を使います。でも今回のように、地域の差がより具体的にわかる切り口がグラフから見つかっていると、より適した変数を選択できます。この感覚が腹落ちすると、統計分析がぐっと身近になると思います。

同じことを「表」で表現しようとすると、行数は47都道府県、列数は各年の滞在者数、成長率になります。**目で比較するのはなかなか大変で、どんなに工夫してもイメージが湧きにくい**という難点があります。その点グラフは、47都道府県全体の様相が見られますし、成長率同士の相関や初期の規模と成長率の関係を見ることもできます。どちらが良いというわけではなく、**伝えたいことが最も伝わる手段を使う**ことが大事です。

クラスタリング分析

データのパターンや特徴を抽出する分析

ここまでで、コロナ禍のような大きな構造変化があったときには、**規模の情報を含みながら分析をするのが難しい**ことがわかりました。順位や成長率で都道府県ごとの旅行者数の推移を見てきましたが、どちらも規模についての情報を落としています。

ここからは、期間を区切らずに、コロナ前からコロナ後までの人数の変化を活かし、分析していきます。統計学を使うという観点だと、**①現状把握、②予測、③グループ分け**くらいが王道です。ここでは、③についてクラスター分析をしてみましょう。

人数という規模の情報を保持したまま、変化の形が似ているもの同士でグループ分けをします。統計学では**クラスタリング分析や判別分析**と呼びます。手法は多数あるのですが、ここでは、**「非負値行列因子分解（ＮＭＦ：Nonnegative Matrix Factorization）」**を使うことにします。非負とは０以上であることを意味します。社会データは人数、価格、売上額、距離など非負のものが多いので、データの特徴に合った手法だと思います。

また、旅行者数という一変数を分解し、特徴を抽出してグループ分けをするので、回帰分析のように**複数の変数が必要ない**のも、応用しやすいと思います。詳しい説明はここではしませんが、NMFは、特に画像処理、音声処理、自然言語処理、バイオインフォマティクス、推薦システムなど、多くの分野で利用されています。データを構成する基本的なパターンや特徴を抽出することができるため、複雑なデータの解釈や分析を簡素化するのに優れた手法です。

ここでは、47都道府県の2018年1月から2023年12月までのインバウンド旅行者の延べ宿泊者数を分析対象とします。「宿泊旅行統計調査」は、2011年1月から2024年8月まで（2024年11月現在）入手可能です。**期間をどうとるかは、何を分析したいかに直結します。**現場でよくやる決め方としては、次のとおりです。

終点の見つけ方

パターン1：とにかく最新のデータを終点にする→2024年8月

パターン2：きりがいいところにする→2023年12月

私は、**終点を決めてから始点を決めます。**今回はパターン2にしました。コロナ禍がおよそ

２０２０年３月～２０２２年の秋くらいまでなので、始点は２０１９年か２０１８年かなと考えます。ただ、２０１９年はインバウンドブームがオリンピック前で佳境でしたので、ブームをよく捉えるために２０１８年を含むことが望ましいと考えます。

始点の見つけ方

パターン１：コロナ前１年、コロナ禍は約３年、コロナ後１年
パターン２：コロナ前２年、コロナ禍は約３年、コロナ後１年

もし、コロナ後の２年分のデータが使えたら迷わずパターン２です。でも現状は、２０２４年が８月までなので、コロナ後は２０２３年12月までの１年分しか使えません。特に決まりがあるわけではないですが、なんとなく前後対称にしたり、変動が大きいところは複数年見たりします。今回は、２０２４年12月までのデータを入手したらすぐにアップデートをするつもりなので、コロナ前が２年のパターン２を選びました。

グループ分けは３つにすることにします。そもそもクラスター分析では、２つ以上に分けないと意味がないですが、47都道府県を対象とするので、３つに分けてみます。ＮＭＦは最初にいくつに分けるか決めますが、多すぎるとグループ間で似た動きをした場合、説明しにくいですし、少なすぎるとグループ内にちょっと種類が違うものが混ざります（ばらつきが大きくなり

ます)。**グループ内が均質で、グループ間で異なる数**を上手く見つけることが腕の見せ所ですが、実証的な問題なので、色々と試してみるといいと思います。こういう試行錯誤は探索的アプローチと呼びます。

仮説→分析ではなく、分析→仮説で考える

図35は3つのグループを最も特徴づける要素(基底)の時間方向の視覚化です。期間中の棒グラフの合計が1になるように描いています。

各グループの代表的な要素は、次のように解釈できます。

図35　グループ分けの準備:3つの基底の特徴を探る

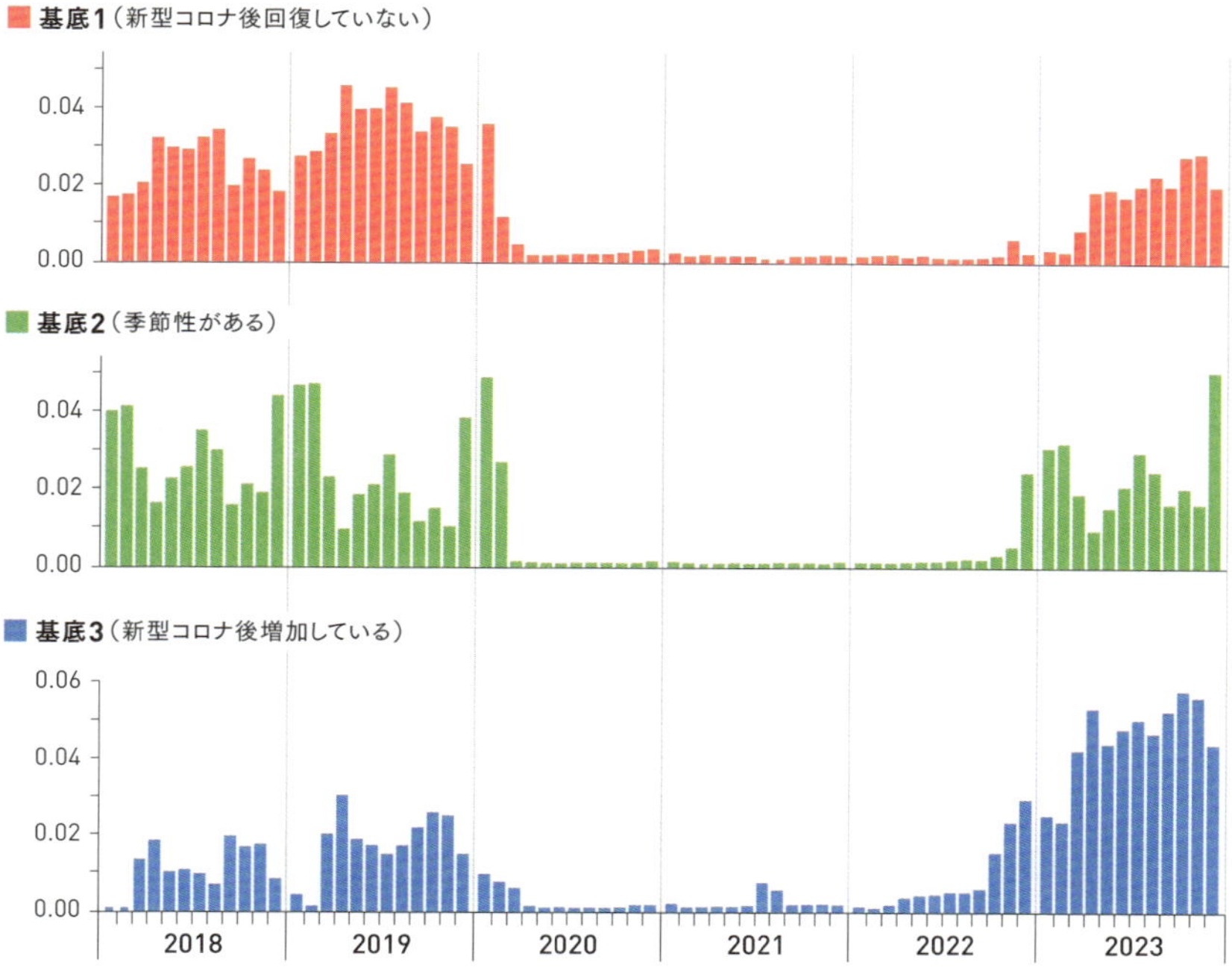

データ:観光庁の「宿泊旅行統計調査」を使用

基底1（赤）は、コロナ前の方が、コロナ後よりインバウンド旅行者数が多い。

基底2（緑）は、コロナ前とコロナ後の水準が同程度で、冬季が高いという季節性がある。

基底3（青）は、コロナ前の方が、コロナ後よりインバウンド旅行者数が少ない（コロナ後に増えている）。

図36は各都道府県の実際のインバウンド旅行者数（青線）とNMFによる予測値（赤線）です。結果を先出ししますが、1行目、2行目、3行目がそれぞれグループで、属する地域を3つずつ選んでいます。横軸は時間で、縦軸については、地域内の高低は規模の

図36 NMFによる推定の当てはまり

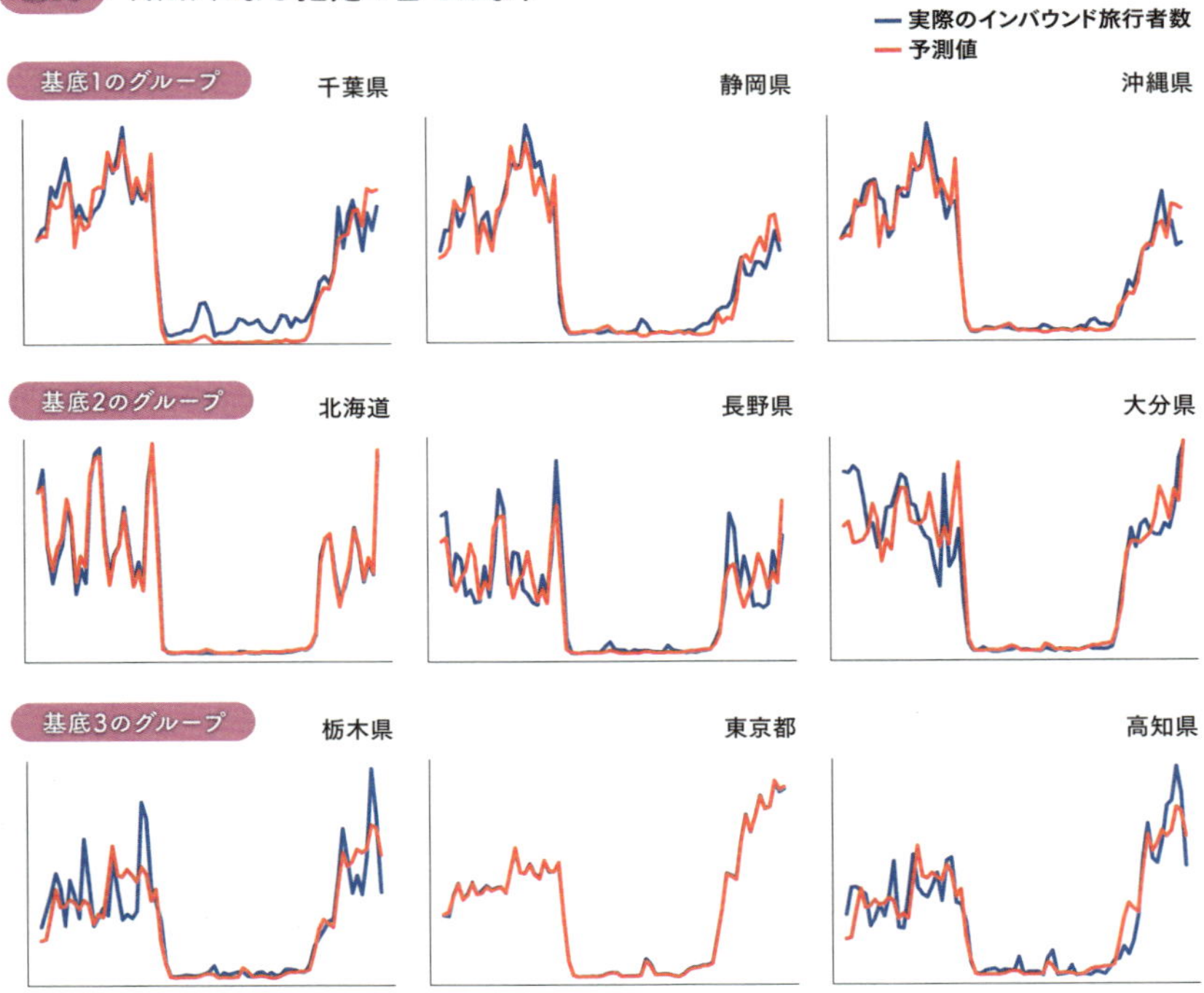

データ：観光庁の「宿泊旅行統計調査」を使用

推移ですが、地域間の大小関係は意味がありません。コロナの期間は鍋の底のような形になっています。東京と北海道がとてもよく当てはまっているのがわかります。じっと見て、各地域の特徴がなんとなくわかるでしょうか？

今回は各都道府県を**最も影響が大きい要素（基底）が何かでクラスタリングする**ことにしました。

図37の地図で結果を見てみましょう。最も多くの36地域が含まれるのが赤色の基底1の比率が高いグループでした。次が緑色の基底2のグループで、北海道、山形、新潟、長野、山口、群馬、大分が含まれます。最も少

図37　ハードクラスタリングの結果：3グループに色分け

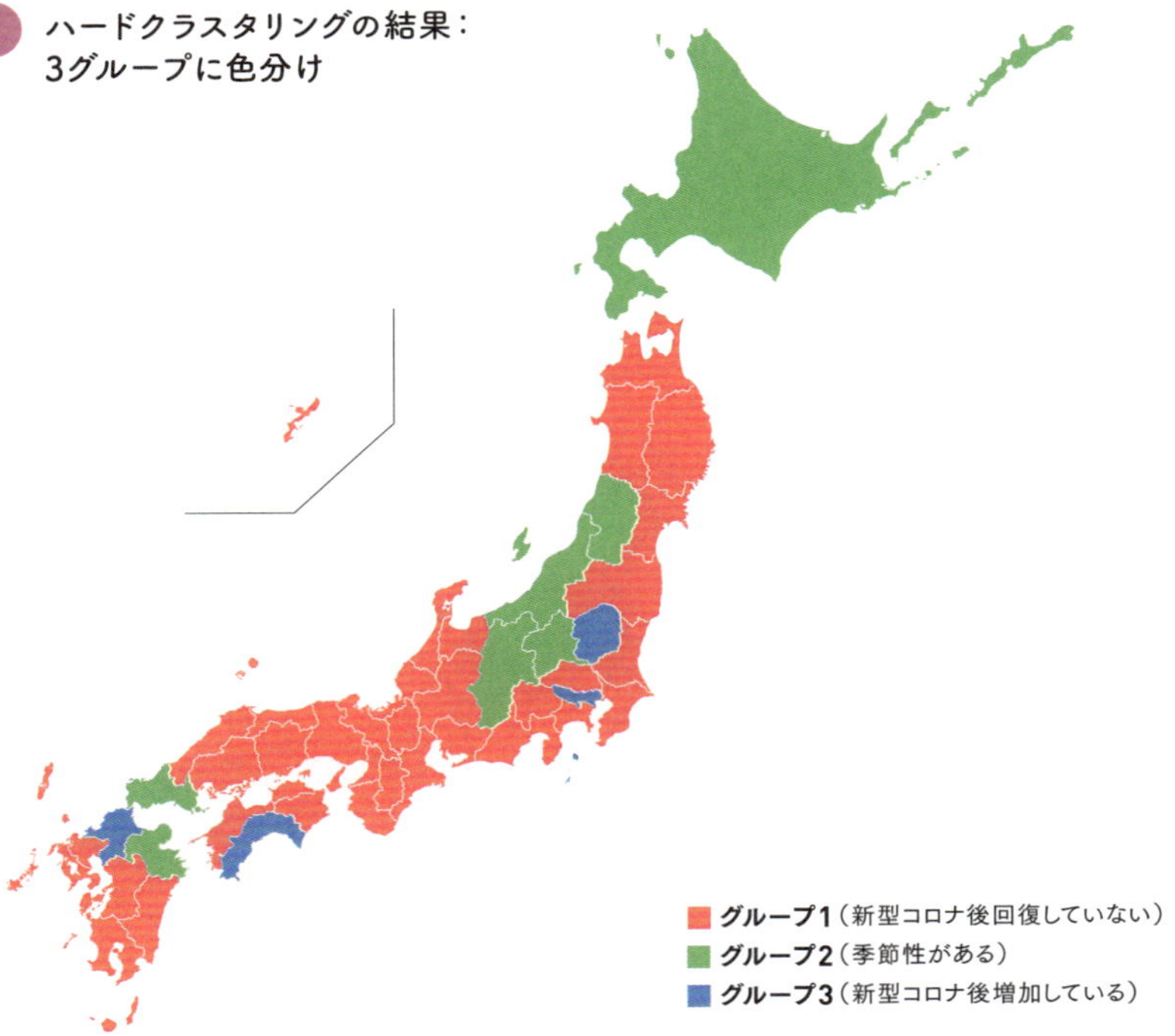

データ：観光庁の「宿泊旅行統計調査」を使用

ないのが、基底3のグループの青色の地域で、東京、栃木、高知、福岡でした。共通の特徴が何か見えるでしょうか？

コロナ禍によってインバウンド旅行者がほぼゼロになるような状態が続いた場合、インバウンド旅行者数（Y）を通常の直線モデル（回帰モデル）でいきなり分析するのは適切ではないです。よりYの構造を理解する必要があり、その点NMFはYの時間変動と地域の違いを理解するのに役立ちます。

加えて、通常、分析者はある仮説を持って、地域に注目しますが、コロナ禍のような非常事態には「いつもの仮説（例：大都市とそれ以外の比較）」では不十分です。この例ですと、栃木と高知が観光需要の文脈で東京や福岡と同じクラスターに入っていることで、栃木と高知に何が起きているかを調べるきっかけになります（国際線の直行便が増えた？／県が観光振興に力を入れた？等）。また、冬に需要が増えるグループも、スキー場の多さ1位の長野県、2位の北海道、また群馬と山形もスキーで有名です。山口県と大分県は、ふぐ？別府温泉？となんとなくは浮かびますが、調べてみよう！というきっかけになります。このような**新しい知見をデータから抽出する**のに有効だと思います。そして、この知見を回帰分析のモデリングに活かすといいでしょう。

色々と紹介しましたが、ここまでの分析は「人数」という1つの変数しか使っていません。分析というと、たくさん変数が必要なように思う（または、少ないとできないと思う）人がとても多いですが、1つしか変数がない場合も、地域に分けたり、順位を変数にしたり、加工して変化率を作ることで、多様な分析が可能です。**データを絞って絞って、貪欲に情報を取り出す、まだ何かできることはないかと探す**、そういう使い方ができるとよいと思います。

第5章

人の行動を
変えるための分析

ふるさと納税改善の余地を探す

寄附先の集中という課題

第4章では、旅行で人の動きがどう変わってきたかを分析しました。この章では、さらに一歩進んで「どうすれば人の行動を変えられるか」を提案するところまでやってみましょう。

突然ですが、皆さんはふるさと納税をしていますか？　ポータルサイトのCMがテレビやウェブで流れ、多くの方が利用しているようです。私は、自治体が発信し工夫して挑戦できるのは良い面だと思っていますが、賛否の否が多めの感があります。

ふるさと納税をもっとよくすることはできるでしょうか？　例えば、霞が関の官僚になったとして、ふるさと納税を全国の自治体や利用者にとってよりよい制度にするにはどうしたらいいでしょうか。超優秀な霞が関のポリシーメーカーは、①ふるさと納税の中のルールを見直すこと、②利用者拡大を促進する工夫、③幸福度や生活満足度（Well-being）との関係性で頭の体操をしているように（私には）見えます。これは、**とても汎用的な思考の方向性**なので、真似してみましょう！

ふるさと納税は、寄附の形で税金の活用先を選択でき、肉類、米、魚介類やフルーツなどの返礼品選びの楽しさもある制度です。総務省によると2023年度のふるさと納税寄附額は約1兆1175億円、納税寄附件数は約5894万件と過去最高を更新しました。これは、2008年の開始時と比較すると、納税寄附額は約137倍、納税寄附件数は約1091倍にもなります。利用者数も初の1000万人超えとなりました。一方で、納税義務者数に占めるふるさと納税利用率は約16・7％と低く、まだ多くの方が活用していないことがわかります。ふるさと納税がより浸透するには何が必要でしょうか？　また、ふるさと納税は、制度変更が頻繁に行われています。制度変更は満足度にどのように影響するのでしょうか？

ふるさと納税の人気の自治体ランキングを見てみましょう。図38の地図と左上の表は総務省が発表している「令和4年度におけるふるさと納税受入額の多い20団体」です。1位は宮崎県都城市、続いて北海道紋別市、根室市、白糠町、5位が大阪府泉佐野市でした。

私たちが行った「ふるさと納税実態調査」では、2022年1月～12月にふるさと納税を利用した1万816人を対象に、「ふるさと納税で寄附した自治体名」を聞きました。

図38の右下の表は「最も多くの金額を寄附した自治体」のランキングです。1167自治体が挙げられた中、上位20の自治体を最も多く寄附した自治体に選んだ人数は27・9％と、全体

の3割弱を占めていました。ひとりひとりにとっての「一番人気」が、わずか2%程度の少数の自治体に集中していることがわかります。ここで、**上位何位までを考慮するのかは、特に決まりはありません**。上位3位、5位、10位、20位……の顔ぶれを見るのと、全体がいくつあるのかで決めるといいと思います。でも、あまり多いと覚えるのも大変なので、全体の何割と決めるより、自治体数のように数が多い場合でも**20位くらいを目途にするといい**と思います。せっかくなので、20が全体に占める割合（今回は2%程度）もセットで意識しましょう。**集中しているか、分散しているか**は、他人に伝わりやすい情報です。

図38の右下の表で赤色に網掛けしているのは、総務省の納税受入額ランキングにも入った自治体です。1位の宮崎県都城市、2位の北海道紋別市は順位も一致しました。また、今回調査した「最も多くの金額を寄附した自治体」の上位7自治体は、すべて、総務省の納税受入額ランキングの10位以内の自治体でした。どうしてそんな確認をするのか？　調査対象が1万人規模の調査をしても、ふるさと納税を利用した人のわずか1000分の1に過ぎません。ビッグデータがあると、公的統計調査は不要だという議論も出てきますが、**国や地方行政機関の公的調査があることでビッグデータは答え合わせができます**。もし大幅にずれていたら、自分が選んだ調査対象や調査方法にゆがみがあることで、バイアスが生じているのでは？と疑問を持ちましょう。

図38　ふるさと納税人気の寄附先：総務省と独自調査の比較

総務省公表のふるさと納税受入額上位20

順位	自治体名	順位	自治体名
1	宮崎県都城市	11	静岡県焼津市
2	北海道紋別市	12	北海道別海町
3	北海道根室市	13	兵庫県加西市
4	北海道白糠郡白糠町	14	愛知県名古屋市
5	大阪府泉佐野市	15	鹿児島県志布志市
6	佐賀県三養基郡上峰町	16	茨城県猿島郡境町
7	京都府京都市	17	宮崎県宮崎市
8	福岡県飯塚市	18	茨城県守谷市
9	山梨県富士吉田市	19	千葉県勝浦市
10	福井県敦賀市	20	新潟県燕市

ふるさと納税に関する現況調査結果

（令和5年度実施）

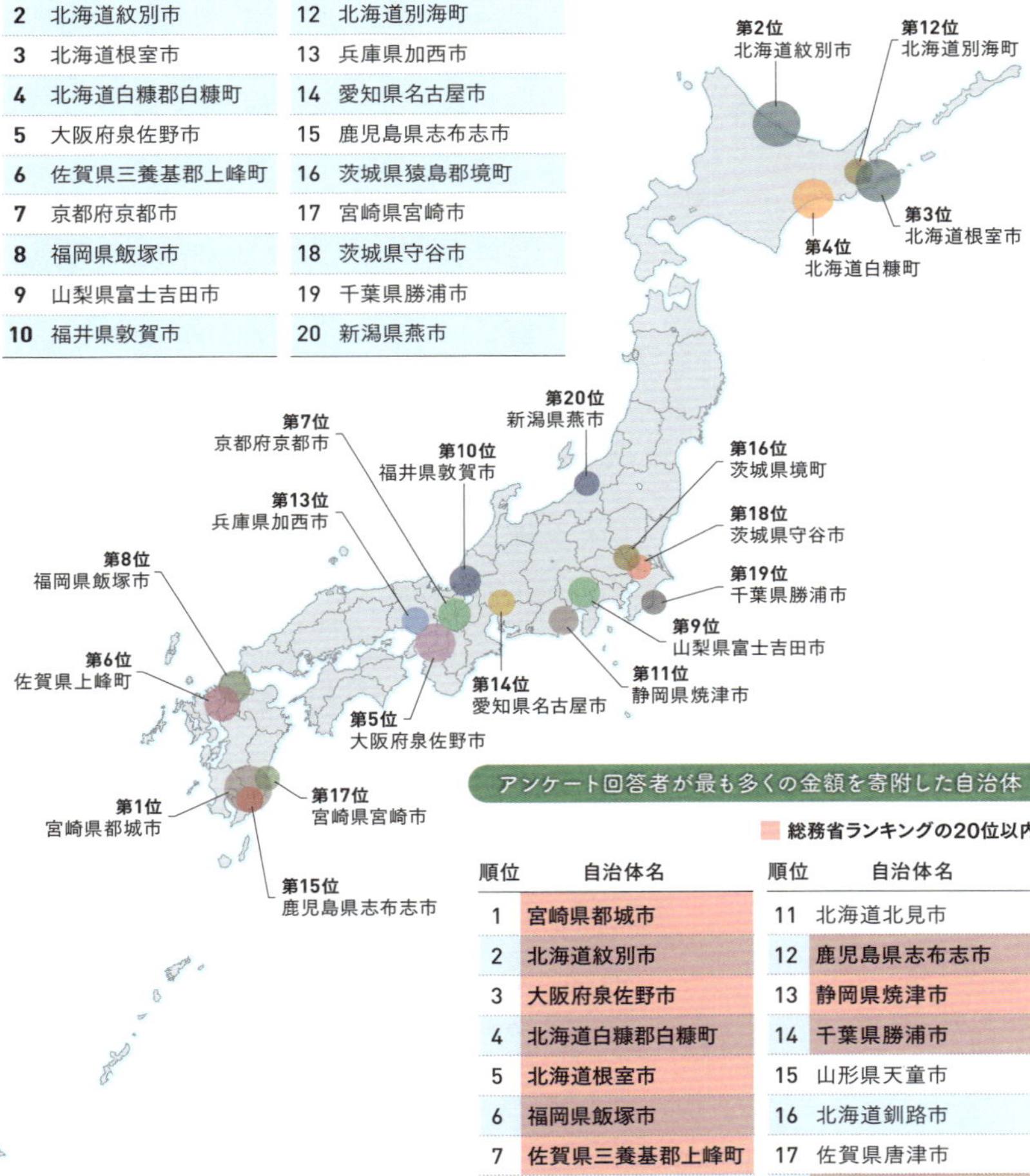

アンケート回答者が最も多くの金額を寄附した自治体

■ 総務省ランキングの20位以内

順位	自治体名	順位	自治体名
1	宮崎県都城市	11	北海道北見市
2	北海道紋別市	12	鹿児島県志布志市
3	大阪府泉佐野市	13	静岡県焼津市
4	北海道白糠郡白糠町	14	千葉県勝浦市
5	北海道根室市	15	山形県天童市
6	福岡県飯塚市	16	北海道釧路市
7	佐賀県三養基郡上峰町	17	佐賀県唐津市
8	山形県山形市	18	宮崎県宮崎市
9	山形県寒河江市	19	北海道函館市
10	茨城県猿島郡境町	20	北海道旭川市

［中央地図］総務省の公表資料を基に作成
※バブルの大きさは、ふるさと納税受入額

［左上表］データ：総務省の「ふるさと納税に関する現況調査結果（令和5年度実施）」を使用

［右下表］筆者ら独自の「ふるさと納税実態調査」を使用
対象者：有職者、年収300万円以上の20〜64歳男女／
2022年1月〜12月にふるさと納税で寄附をした人のうち寄附先の自治体を回答した人／サンプルサイズ：n=8,270

返礼品も集中という課題

地図に載っている自治体の名前や地理的位置を眺めてみると、北海道や九州に集中していることがわかりますし、特産品が浮かんできます。農林水産省が発表している「令和3年市町村別農業産出額（推計）」によると、1位の宮崎県都城市は農業産出額が全国1位で、そのうち約8割を畜産部門が占めています。肉用牛と豚は全国1位、ブロイラーが全国2位でした。また、北海道といえば海産物が有名ですが、右下の「最も多くの金額を寄附した自治体」のランキングでは7自治体がランクインしています。肉や海産物といった、**高額な特産品を返礼品としている自治体が、上位である**ことがわかります。

では、ふるさと納税で人気の返礼品のジャンルを調査結果から見てみましょう。図39は、「ふるさと納税で選んだ返礼品のジャンル」を全て回答してもらった結果です。

1位から「肉」、「魚介・海産物」、「米」、「果物」、「加工食品」、「スイーツ・お菓子」と続き、6位まで上位を食品が占めています。意外と少ないのは「野菜」で10位でした。食品以外では、「日用品」が最も高く7位でした。よく使い、いずれにせよ買うものを返礼品として選ぶと、トータルの出費を減らせるし、節約になると考える人も最近は増えています。

前述の総務省ランキング1位の宮崎県都城市の特産品と返礼品ジャンルランキング1位の「肉」、総務省ランキング2位〜4位の北海道紋別市、根室市、白糠町の特産品と返礼品ジャンルランキング2位の「魚介・海産物」、といったように上位の寄附先自治体の特産品と返礼品が結びついています。一方、返礼品ランキングで3位の「米」は、「令和3年市町村別農業産出額（推計）」によると、産出額1位が新潟県新潟市で、新潟県長岡市、秋田県大仙市、新潟県上越市、山形県鶴岡市、と続きます。この5市町村は、図38の寄附先ランキングの上位に入っていないことから、「米」は「肉」や「魚介・

図39 返礼品人気ランキング

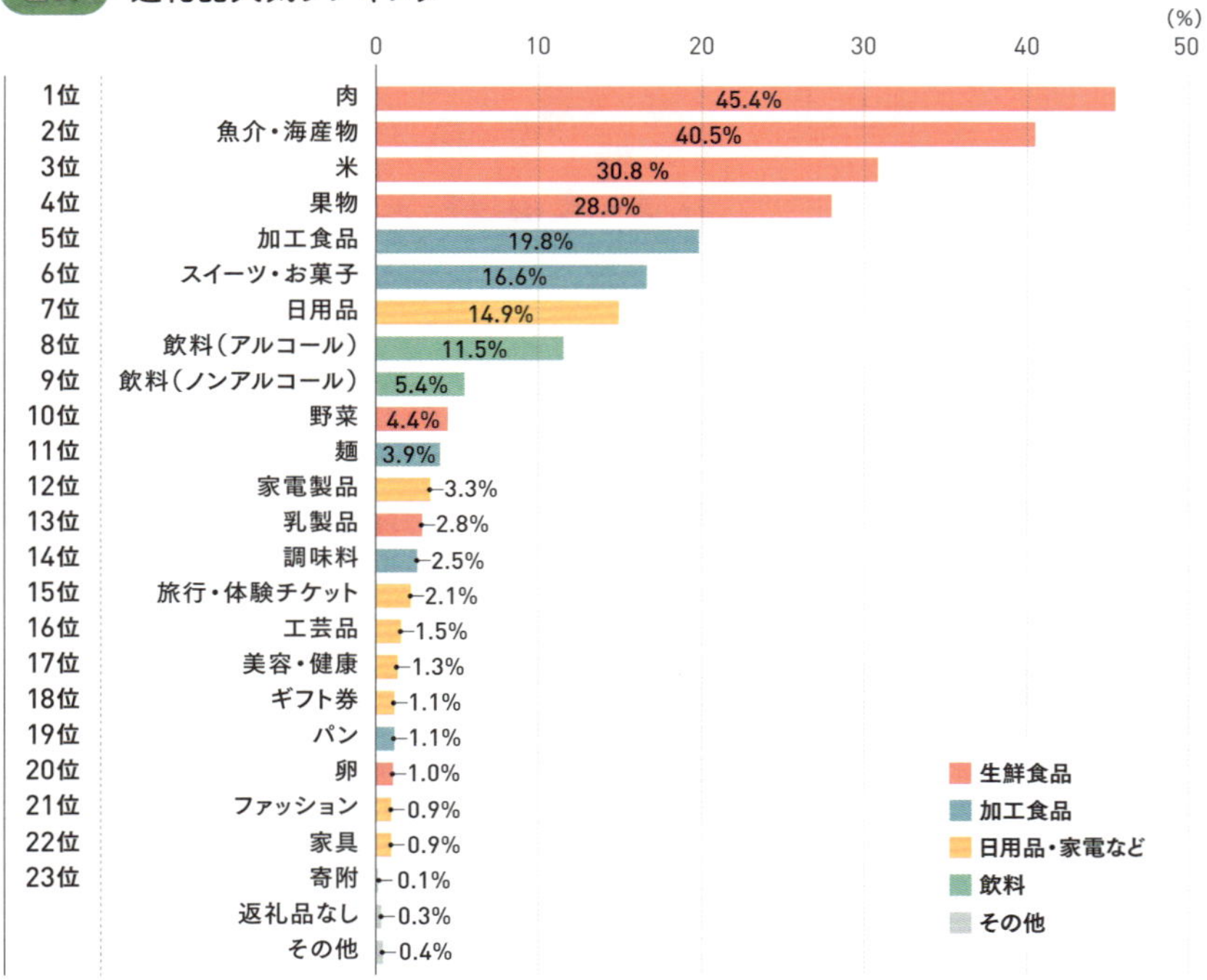

データ：筆者ら独自の「ふるさと納税実態調査」を使用
対象者：有職者、年収300万円以上の20〜64歳男女／2022年1月〜12月にふるさと納税で寄附をした人／サンプルサイズ：n=10,816

海産物」のように寄附先自治体の集中はなく、色々な自治体が選ばれていることが考えられます。

ここまでの寄附先自治体と返礼品ジャンルの上位の顔ぶれから、「肉」や「魚介・海産物」の魅力的な特産物がある自治体が、人気を集めている様子が見えてきました。そして、ふるさと納税には**「返礼品の選択」と「寄附先自治体の選択」に強めの（過度の）集中がある**ことがわかりました。また、必ずしも農産品の収穫量や売上額が高いところがふるさと納税で上位になっているわけでもないということもわかりました。その差はなんなのか？　これも分析していく上で面白い視点です。企画やＰＲの上手な担当者がその自治体にいるか、積極的に取組んでいるかが違いでは？という仮説が生まれます。

次に、ふるさと納税の代名詞ともいえる返礼品を利用者が〈選ぶ理由〉、〈選ばない理由〉について分析します。

２０２３年１月～12月にふるさと納税を利用した１万８６０人に「返礼品を選んだ理由」を聞いてみました。また、「返礼品を選ぶときに断念した返礼品のジャンルはあるか」という質問に対し、「ある」と答えた46・７％の利用者（５０７５人）に、断念した（選ばなかった）理由も聞きました。それらを「制度やマイルール重視の理由」、「お得感重視の理由」、「状況や気分に合わせた理由」の3つに分けてみました。図40より、ステークホルダーである自治体・事業者・生活者に役立つヒントをまとめてみます。

自治体は、返礼品選定の理由や断念された理由のフィードバックにより、マーケティング戦略や返礼品改善に役立てることができます。それぞれの寄附者の層に合った、より喜ばれる返礼品の提供が可能となり、寄附者の満足度を高め、新規利用者や再寄附を促進できます。

返礼品提供事業者は、製品やサービスの品質向上、マーケティング戦略の強化、利用者満足度の向上に活かすこ

図40 返礼品を選んだ理由／断念した理由

	返礼品を選んだ理由	n=10,860	返礼品を断念した理由	n=5,075
制度やマイルール重視の理由	寄附先の特産品だから	27.3%	自分の寄附額の限度内で選べるものがなかったから	38.5%
	ふるさと納税でリピートしているから	18.6%	売り切れや受付期間が終了していたから	20.4%
	寄附先の自治体を応援したいから	18.1%	リピートしたかったが同じ返礼品を見つけることができなかったから	6.2%
	普段からよく購入するものだから	15.4%		
	寄附先の産業を応援したいから	8.3%		
お得感重視の理由	返礼品のコスパ（価格と内容量のバランス）が良かったから	44.3%	コスパが悪いから	31.2%
	大容量でお得感があったから	16.9%	量が少ないから	11.8%
	価格帯や量のバリエーションが豊富で選びやすかったから	7.6%		
状況や気分に合わせた理由	食べたことがない・滅多に食べられないものを試してみたいから	16.1%	生もので傷んでしまうから	15.6%
	季節ごとの旬のものを食べたいから	13.5%	いつ来るかわからず受取に不安があるから	13.4%
	冷凍保存ができて好きなときに食べられるから	9.7%	量が多いから	11.6%
	使ったことがない・滅多に体験できないものを試してみたいから	3.2%	長期保存している間に存在を忘れてしまうから（無駄にした経験がある）	3.5%

データ：筆者ら独自の「ふるさと納税実態調査」を使用
対象者：有職者、年収300万円以上の20～64歳男女／2023年1月～12月にふるさと納税で寄附をした人

とができます。ふるさと納税の返礼品として人気が高まることは、通常のビジネスに加えて、新たな販路となり、ブランド認知度や売上の向上が期待できます。

生活者ですでに利用している人は、自分のタイプを知ることで、自分に合った返礼品を選びやすくなり、失敗を避けることができます。また、納得のいく寄附を行うことで満足度を高め、ふるさと納税を活用しやすくなります。**まだ利用していない人**は、他の人の選択した理由で賢い活用法を知り、断念した理由から無駄な失敗や後悔を減らすことができます。

ボトルネックを解消すると次の課題が明らかに

2022年の調査では、ふるさと納税に満足しているかを調べましたが、不満を持つ人たち（じゃない方）の深掘りはできませんでした。しかし、不満を感じるところにこそ、制度の改善点がひそんでいます。そこで、2023年の調査（2023年1月～12月にふるさと納税で寄附をした人対象）では不満について聞いてみました。ふるさと納税に「特に不満や改善点はない」と回答した人は1万860人中24・1％で、残りの75・9％の人が何かしらの不満や改善して欲しいポイントがあることがわかりました。

制度の複雑さはボトルネックに

上位は、制度や手続きについての不満や改善点で、赤色で示しました。最も多かったのが、「自分の寄附金の上限額がわかりにくい」(46・3%)で寄附前の行動がハードルとなっていることがわかりました。寄附金の上限額については、自治体やポータルサイトで、簡単にシミュレーションができるものの、正確な上限額を知ろうとすると詳細な情報が必要となる点に不満を持つ人が多いのでしょう。

「制度の変更によるお得感の減少」は37・9%で2位でした。2023年10月からの各自治体の寄附募集に要する

図41　ふるさと納税制度への不満

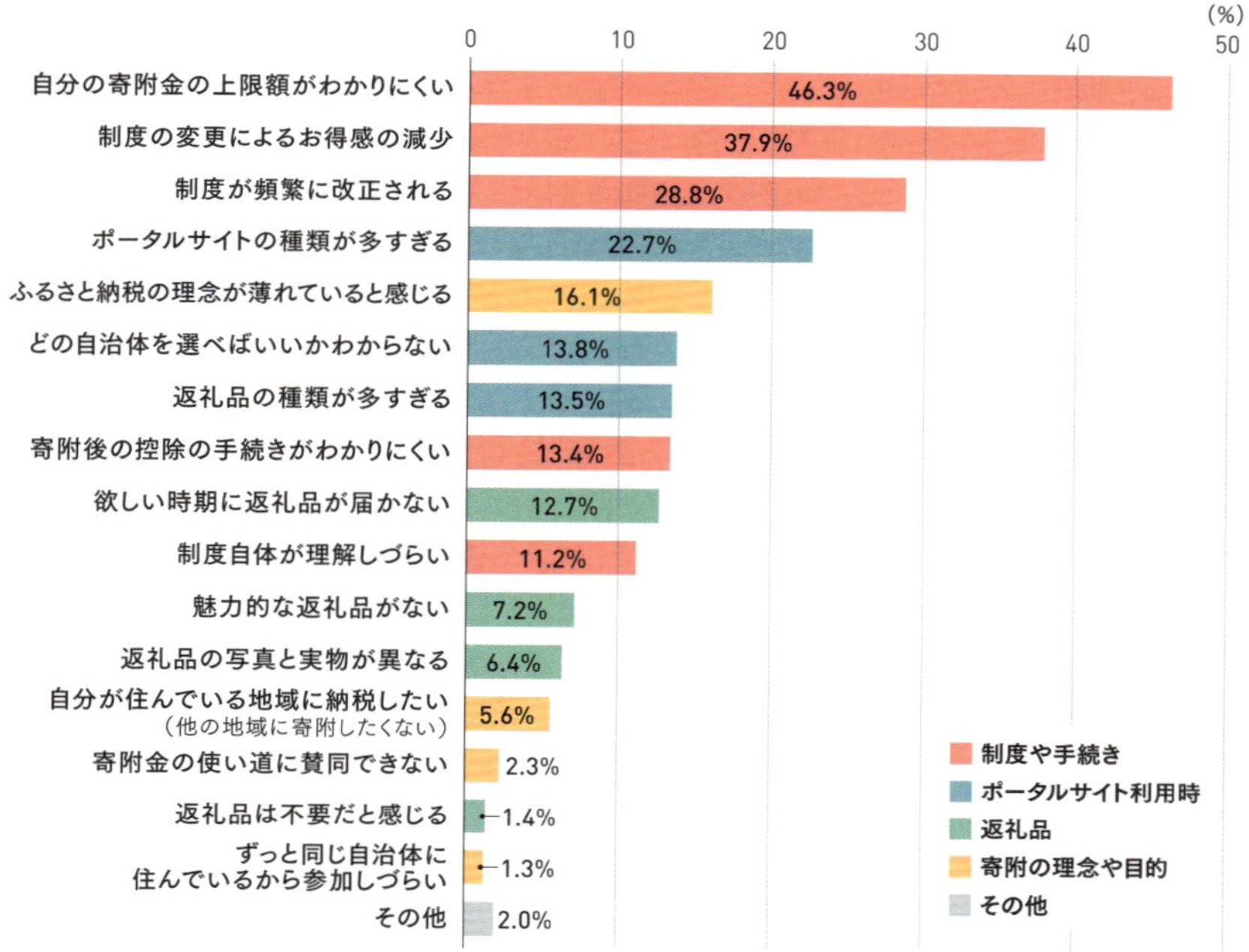

データ：筆者ら独自の「ふるさと納税実態調査」を使用
対象者：有職者、年収300万円以上の20〜64歳男女／2023年1月〜12月にふるさと納税で寄附をし、ふるさと納税に不満があると回答した人／サンプルサイズ：n=8,248

費用を寄附金額の5割以下とする制度変更は、返礼品の重量減少、寄附額上昇で、実質の値上げとなり、お得感が減少したと感じた人が多くなっています。また、2024年は制度変更がなかったものの、2025年10月から、寄附に伴うポイント等を付与するサイトを通じた寄附募集の禁止が既にアナウンスされており、3位の「制度が頻繁に改正される」(28・8%)に繋がっていると考えられます。

一方で、「寄附後の控除の手続きがわかりにくい」(13・4%)は、1位の3分の1以下となっています。今回の調査では、寄附先自治体数が5つ以下の人が85・5%で、大半の方が手続きが簡便なワンストップ特例制度(2015年から導入)を利用していると考えられます。寄附先自治体が5つ以下の場合は確定申告が必要なく、ポータルサイトで手続き可能で、寄附後の不満が低いようです。**こういう取り組みこそが、人を動かす政策で、評価できます。**ふるさと納税のボトルネックが、次の次元に進み、寄附金の上限額を事前に正確に知りたい、お得感が減少する制度変更に不満を持つ人が多いという課題が見えてきます。

選択肢が多すぎて不満?!

面白いなと思うのが、ポータルサイト利用時に不満を抱いた人が選んだ項目で、「ポータルサイトの種類が多すぎる」(22・7%)、「どの自治体を選べばいいかわからない」(13・8%)、「返礼品の種類が多すぎる」(13・5%)と選択肢の多さに不満を持つ人がいました。選択肢の多さはプラスの要素に思えますが、煩雑さや選ぶことの負荷の高さにも繋がり、これが**人気の返礼品や上位の自治体への集中を助長させている**可能性もあります。

返礼品についての不満

図41の緑色は、返礼品に関する項目で、「欲しい時期に返礼品が届かない」（12・7％）が最も高く、次いで「魅力的な返礼品がない」（7・2％）、「返礼品の写真と実物が異なる」（6・4％）でした。ふるさと納税の返礼品は地域の農産物や水産物が多いので、到着のタイミングが気になる人が多いようです。わずかですが、「返礼品は不要だと感じる」（1・4％）人もいました。

居住地への感謝やふるさと＝居住地の人たちもいる

図41の黄色は、ふるさと納税の寄附の理念や目的に関する項目で、「ふるさと納税の理念が薄れていると感じる」が全体の5位で16・1％でした。また、2023年にふるさと納税をしているものの、「自分が住んでいる地域に納税したい（他の地域に寄附したくない）」（5・6％）、「ずっと同じ自治体に住んでいるから参加しづらい」（1・3％）と自治体選びに苦心している人や、寄附先はあるが「寄附金の使い道に賛同できない」（2・3％）と思っている人がいることがわかります。いずれもふるさと納税の理念に沿った寄附をしようとして、不満を感じてい

るといえます。

ふるさと納税後の意識変化

ふるさと納税後の寄附先自治体への意識変化についての複数回答の結果を整理します（図42）。

赤色の「今後、もう一度寄附したい」が46・2％で最も高く、寄附する自治体の選択に継続性があることがわかりました。

次いで、オレンジ色の「親近感や愛着が湧いた」が22・1％で、ふるさと納税を通じて寄附先自治体との心の距離が近くなっています。

緑色は、寄附後の訪問に関する項目です。「実際に訪問した」が11・1％、「まだ訪問していないが、訪問予定である」が5・1％でした。ふるさと納税と観光促進策は、制度的補完性があるということを意味する数字だと思います。より一層、ふるさと納税を積極的に観光と結びつけると良いでしょう。実際、コロナ禍で移動が制限された際に、ふるさと納税利用者、利用額ともに増えました。お家時間を充実させるためという解釈が多かったですが、私は実際に旅行できなくても、その土地のものを楽しみたい、旬を楽しみたい人が多かったのではと思います。外の人を巻き込む、自治体の魅力を知り関わってもらうという点では、観光政策とふるさと納税は非常に似ていると思います。少数ながらもふるさと納税をきっかけに「二拠点目にしたり、移住した」生活者が0・8％いました。

黄色は、寄附先への関心の高まりに関する項目です。「寄附先の産品を普段の買い物で意識的に選ぶようになった」が8・9％、「寄附先の祭りや文化、著名人等のファンになった」が2・2％でした。

以上より、ふるさと納税をきっかけに次回の寄附先になり、それ以外でも観光で訪れ、普段の買い物で意識する等、ふるさと納税が利用者と自治体のさまざまな接点となりうることがわかりました。

図42　ふるさと納税後の寄附先への意識変化

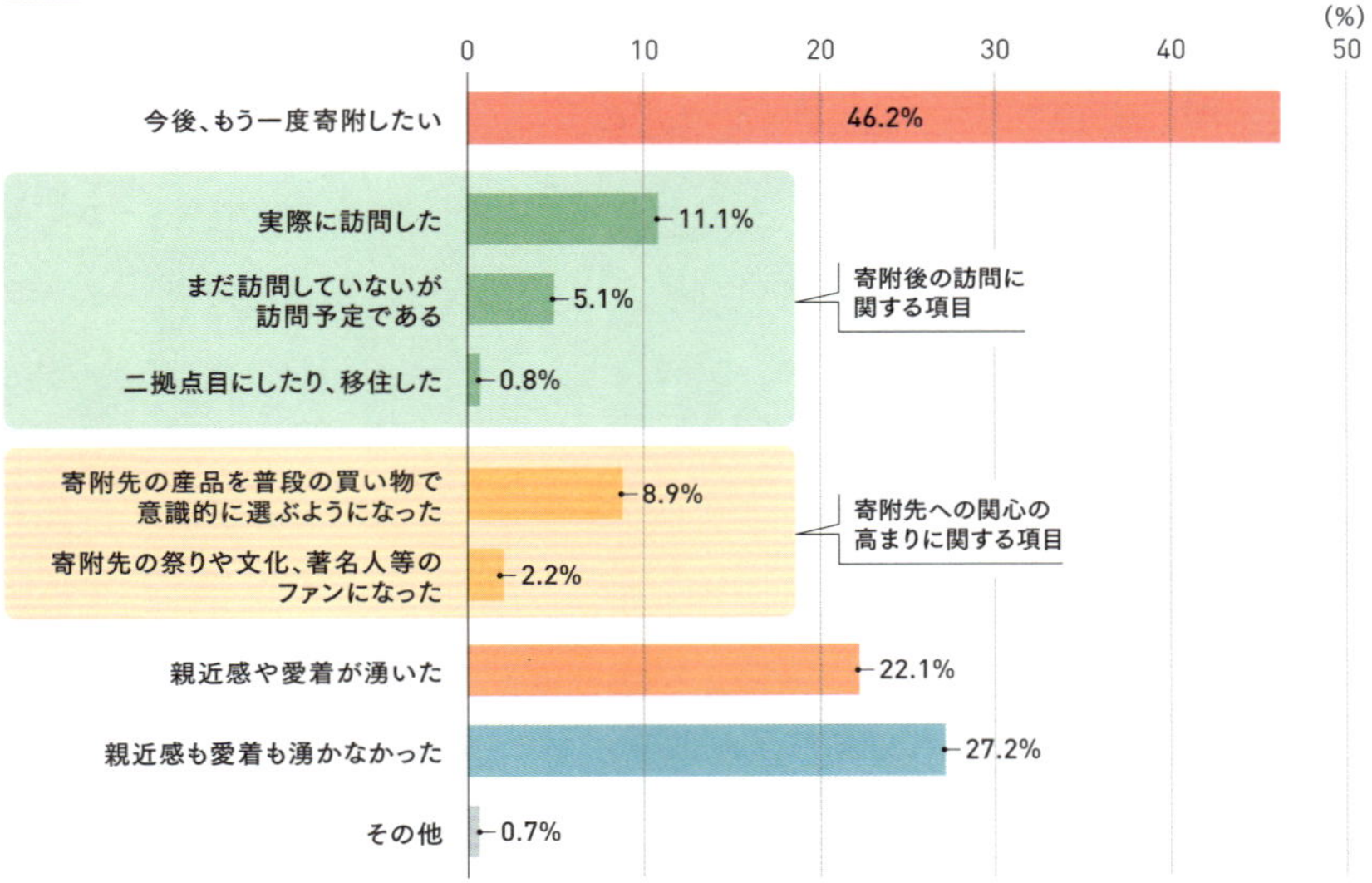

データ：筆者ら独自の「ふるさと納税実態調査」を使用
対象者：有職者、年収300万円以上の20〜64歳男女／2023年1月〜12月にふるさと納税で寄附をした人／サンプルサイズ：n=10,860

一方で、青色の「親近感も愛着も湧かなかった」が27・2%であり、寄附先自治体に対して意識が向かない人が多いのもふるさと納税の現状です。ふるさとやゆかりのある地域に寄附するどころか、翌年にはどこの自治体を選んだか覚えていないケースも起きえます。

「反実仮想」で確度を高める

資産形成と幸福度の関係から次の課題を見つける

「制度の利用に関するアンケート」の対象者に、生活の満足度（Well-being）について「全く満足していない」を0点、「非常に満足している」を10点として聞き、男女別、5つの税制優遇制度の利用状況別に集計してみました（図43）。縦軸が女性の生活の満足度、横軸が男性の生活の満足度の散布図で、バブルの大きさは男女合計の人数です。各点が45度線よりも上にあると女性の満足度が男性よりも高いことを意味します。

34個の点は、5つの制度について、「利用している、利用していない」に分類し（32個）、「利用していない」から、「すべて知っているが利用していない」と「すべて知らない・利用していない」の2個を取り出しました。

桃色はふるさと納税を利用している組み合わせ（すべての制度の利用を含む）、水色はふるさと納税以外の4制度を複数利用している組み合わせ、紫色はNISAか、つみたてNISA、または両方を利用している組み合わせ、緑色は個人型確定拠出年金（iDeCo）か企業型確定拠出年金、または両方を利用している組み合わせです。

桃色の点が右上にあることにより、男女ともにふるさと納税利用者の生活の満足度が高いことがわかります。次いで、水色のふるさと納税以外の4制度を複数利用している男女の満足度が高くなっています。投資要素の強いNISAとつみたてNISAの利用者の満足度（紫色）が、緑色の年金利用者よりも高いです。

一方で、灰色の制度を利用していない人の満足度は、制度利用者より低くなりました。制度を利用していない人の中では、認知度の違いによって満足度に高低差があり、全ての制度を知らず、利用せずの人たちの満足度が最も低くなりました。

各色の高低より、男女ともにふるさと納税利用者の生活の満足度が高いことがわかりました。図43は男女の満足度の相関を見る散布図ですが、制度の選択（バブルの色）がきれいに分かれていることから、同時に幸福度の高低と制度選択の相関も見ることができます。せっかくなので、両方向見てみましょう。①ふるさと納税をする人は生活の満足度が高い、もしくは、②生活の満足度が高い人がふるさと納税を利用しているという解釈ができます。

①が成り立つなら、ふるさと納税は理念と乖離し懸念があるとはいえ、国民の生活の満足度を高めるという十分に副次的な効果があると言えます。

②は、満足度は一般的に所得と正の相関があり、寄附金の支払いや税金控除のタイミング等、高所得者が参加しやすいふるさと納税の制度設計に起因すると考えられます。①と②とも、ふるさと納税が他の４制度と異なり、寄附という利他的な要素が含まれる点、返礼品を選び受け取るという消費が伴う点が関係していると思われます。

また別の視点としては、「時代の変化や新しいことに興味を持ってついていこうとするエネルギー」が、両者をつないでいる気もします。そのようなエネルギーを持つ人は、幸福度が高く、また、色々な制度を利用していく、という感じです。もしこの感覚が正しいとすると、「高齢者＝エネルギーなし」「若者＝エネルギーあり」な

図43　制度の利用状況と生活の満足度（Well-being）の関係

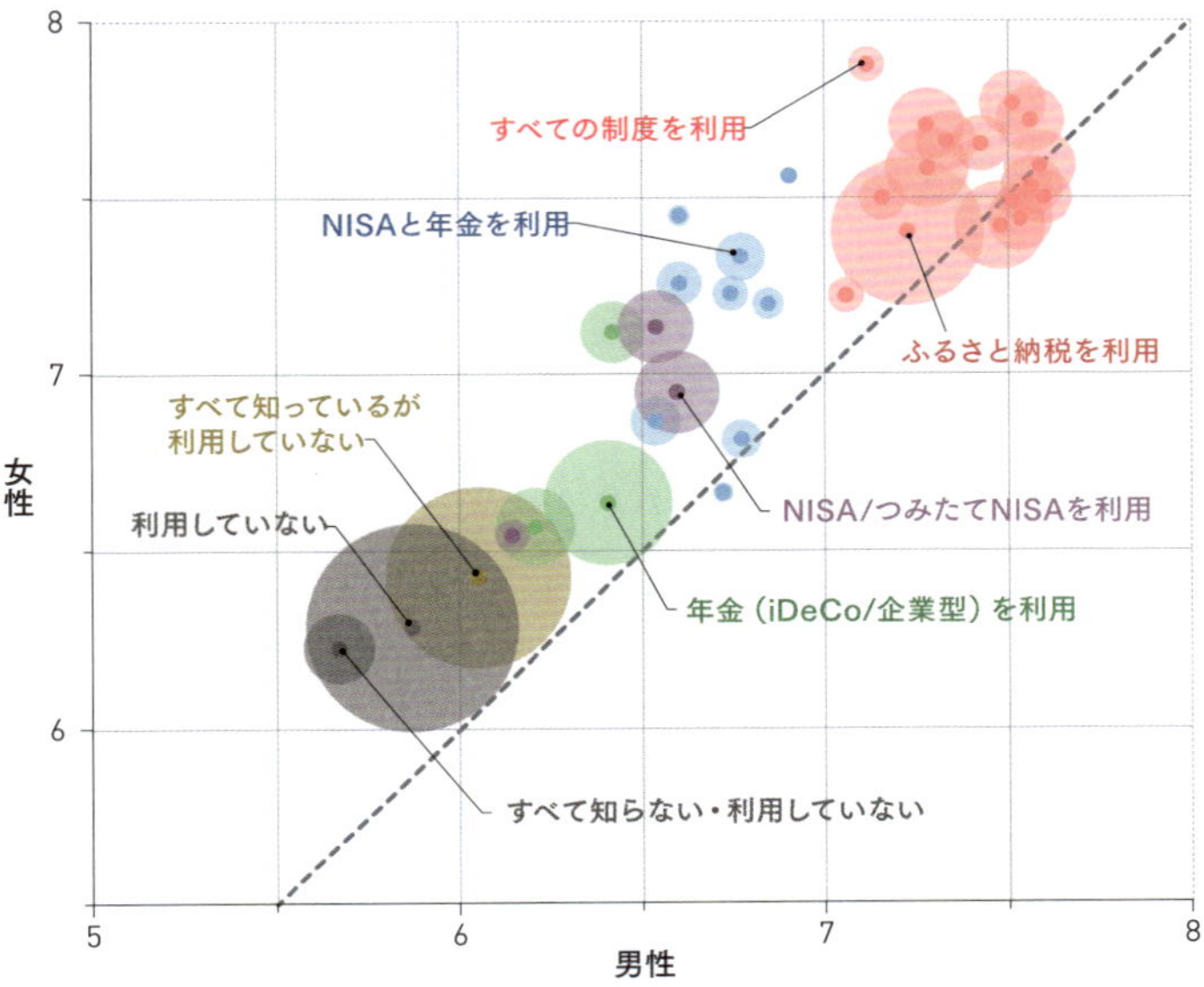

※バブルの大きさは、男女合計の人数
データ：筆者ら独自の「制度の利用に関するアンケート（2023年）」を使用
対象者：有職者、年収300万円以上の20～64歳男女／サンプルサイズ：n=50,788

のか、それとも逆なのか、次は年代別で見てみよう、または他の属性情報で集計してみよう、と、分析が広がります。次につながる気づきを与えるグラフは魅力が高いです。

いずれにせよ、**将来への資産形成に関する制度の利用実態と生活の満足度**（Well-being）**の関係を示せたことに意義があります。**ふるさと納税に限らず他の各種制度も含め、生活の満足度（Well-Being）という観点を制度評価や制度設計の見直しに活用することで、私たち国民の観点も取り入れた、より良い制度になることが期待できます。

ワンストップ特例制度を改善できないか考える

ワンストップ特例制度は２０１５年から導入され、それにより利用者がぐんと増えました。寄附先自治体が５つ以下の場合は、寄附後に確定申告の必要がなく、控除を受けられます。ここでは図44で、寄附先自治体数ごとの年収分布を見てみます。

寄附先自治体数が３つ以下の寄附者は、年収４００万円未満（Ａ）が最も多く階段のような形になっています。４つの自治体への寄附者は４００万円以上５００万円未満（Ｂ）が最も多くなり、１〜３と雰囲気が違います。しかし、いずれの場合も年収が増えるほど、階段状に人

図44　寄附先自治体数ごとの個人年収分布

［個人年収の内訳］　A：400万円未満　B：500万円未満　C：600万円未満　D：700万円未満　E：800万円未満　F：900万円未満　G：1000万円未満　H：1100万円未満　I：1200万円未満　J：2000万円未満　K：2000万円以上

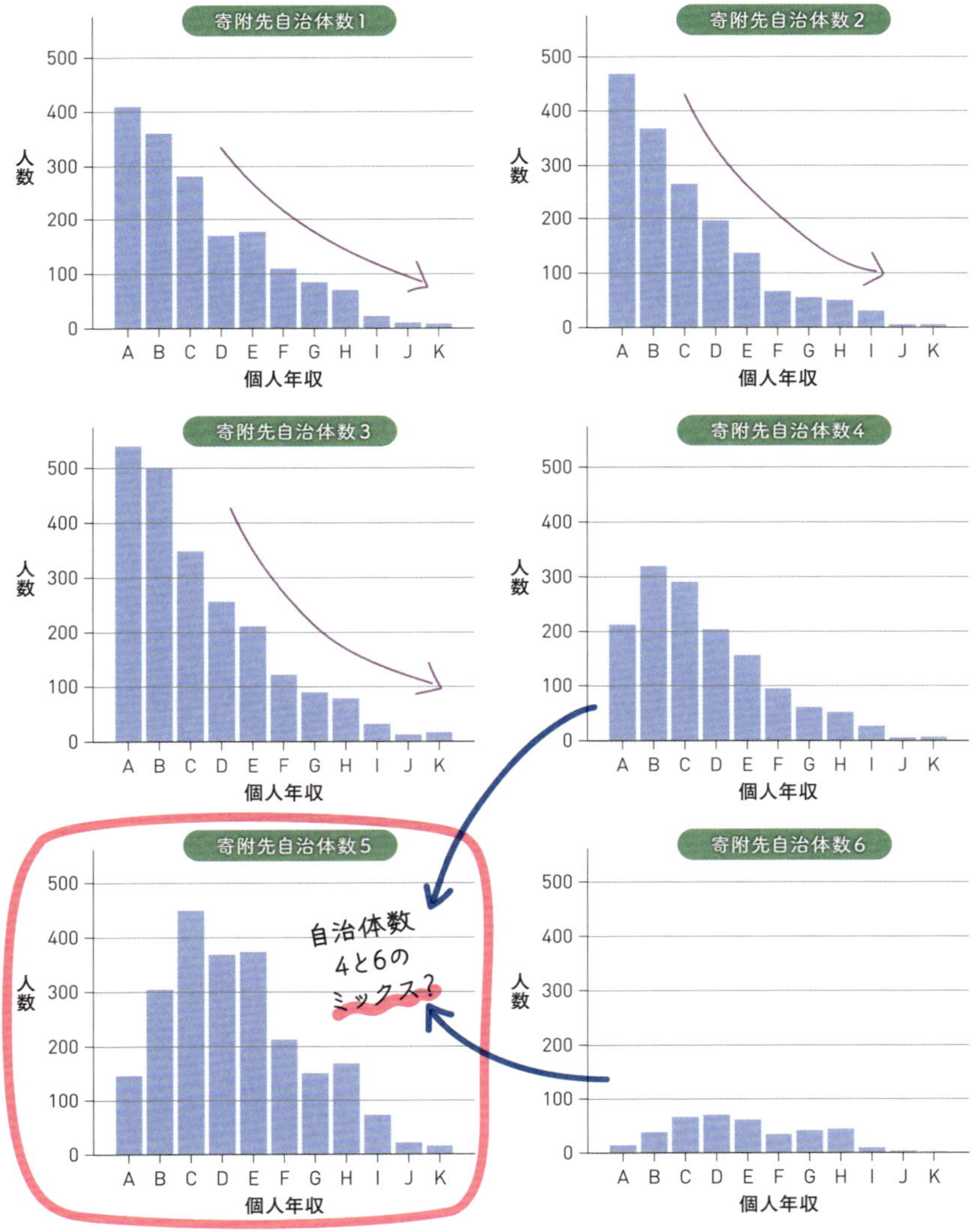

データ：筆者ら独自の「ふるさと納税実態調査」を使用
対象者：有職者、年収300万円以上の20〜64歳男女／2022年1月〜12月にふるさと納税で寄附をした人／サンプルサイズ：n=10,816

数が減少しています。寄附先が1～4つの人たちは、「5自治体の上限」の制約にかからず寄附先自治体数を選択しています。

一方、5つの自治体を選択した人たちは、2種類のタイプが混ざっています。上限寄附額の範囲内で最適な寄附先数として5つの自治体を選んでいる人と、ワンストップ特例の利用を意識し、寄附する自治体数を1つ（以上）減らして、5つの自治体に寄附した人が混合している状態です。私はこのグラフを描いたときに、まず1～3を見て、「お、階段だ。嬉しい」と思い、4を見て「4までは続かなかったか」と思いました。カテゴリが変わっても、共通の分布が見えるというのは、**寄附先増加と年収増に非常にはっきりとした関係がある**ことを教えてくれます。そして4で特徴に変化が見られ、5は寄附先数選択に対して異なる行動をする人たちが混ざっていることをグラフが教えてくれています。さらに、6は数がぐっと減ったことがわかり、それ以降もどんどん少なくなっていたので、とりあえず6つ以上はまとめられそうだと思いました。

では、本来なら6つ以上の自治体に寄附できる人が制約により、5つの自治体に抑え込んだ場合には、何が起こるでしょうか？　ぱっと思いつくのが、1自治体あたりの寄附額の増額ですね。調べたところ、寄附した自治体の数が1～4つまでの平均寄附額のピークは1万数千円でした。一方、5つの自治体へ寄附した人は、1万数千円付近のボリュームゾーンに加えて、

2万5000円がピークになっていました。この2つ目のピークこそ、本来は6つの自治体以上に寄附できるが、寄附先数を5つに抑えた人たちだと推察できます。

それを確かめるために、5つの自治体を選択した人について、平均寄附額が2万5000円未満の人とそれ以上の人に分解して、それぞれの年収分布を調べてみましょう。もし、寄附額が2万5000円というピークが「5自治体の上限」制約を理由に生じているのであれば、寄附額が2万5000円未満の人は1～4つの自治体に寄附をする人と年収分布が近く、寄附額が2万5000円以上の人の年収分布は6つ以上の自治体に寄附する人たちの年収分布と近いことが予想されます。

この予想にもとづき、寄附者の選んだ寄附先自治体数と寄附者の年収分布を示したものが図45、46です。最初に考えたのは、寄附先自治体数として5つを選んだ人のうち、平均寄附額が1万3000円以下（2万5000円以上）の人の年収分布は寄附先自治体数が5未満（6以上）の人と近いはずであるということです。

そこで、まずは、寄附先自治体数が4の人と寄附先自治体数が5の人のうち平均1万3000円以下の寄附をした人たちの年収分布を比較してみます。そのために描いた図45(a)をみると、いずれの分布においても400万円以上～600万円未満（B～C）あたりでピークを取り、年収分布は似たような形状を示しています。次に、寄附先自治体数が6（以上）の人と寄附先自治体数が５の人のうち平均２万５０００円以上の寄附をした人たちの年収分布を比較したものが図45(b)です。こちらも先と同様に、２つの分布の形状は類似しています。いずれの分布においても年収１０００～１１００万円（H）でピークをとり、年収７００～１１００万円（E～H）の人が多い分布となっています。寄附先自治体数を５つにした人たちの分布には、５以下がベストの人たちと、制約がなければ６以上がベストの人たちが混ざっているようです。平均寄附額を判別因子や閾値《しきい》と考えて、グラフを二分しただけで、このような特徴が見えました。

最後に、反実仮想で頭の体操をしてみましょう。図46で、**先ほどと逆の組合せで分布を比較**してみます。寄附先自治体を４つ（６つ以上）選択した人の年収と寄附先自治体数が５つのうち平均額が２万５０００円以上（１万３０００円以下）だった人たちの年収分布の比較です。もし、寄附先自治体として６つ選びたかった人が「５自治体の上限」制約に直面するために、あえて寄附先自治体数を１つ減らして、１自治体あたりの寄附額を増やさざるを得ない選択をするという予想が妥当なら、図45(a)と(b)での比較に比べて、**「似ていない！」**が起こるはずです。そのような視点で、年収分布を比較した図46(c)と(d)を見てください。図46(c)では、寄附先自治体数が４つの人の年収は年収４００～５００万円（B）をピークとする一方で、寄附先自治体数を５つとしたうえで平均寄附額を２万５０００円以上とした人たちの年収分布は、年収１０００～１１００万円（H）をピークに、より高所得の範囲に分布しており、２つの分布は

図45 「5自治体の上限」は平均寄附額を上昇させた？（基準シナリオ）

［個人年収の内訳］ A：400万円未満 B：500万円未満 C：600万円未満 D：700万円未満 E：800万円未満 F：900万円未満 G：1000万円未満 H：1100万円未満 I：1200万円未満 J：2000万円未満 K：2000万円以上

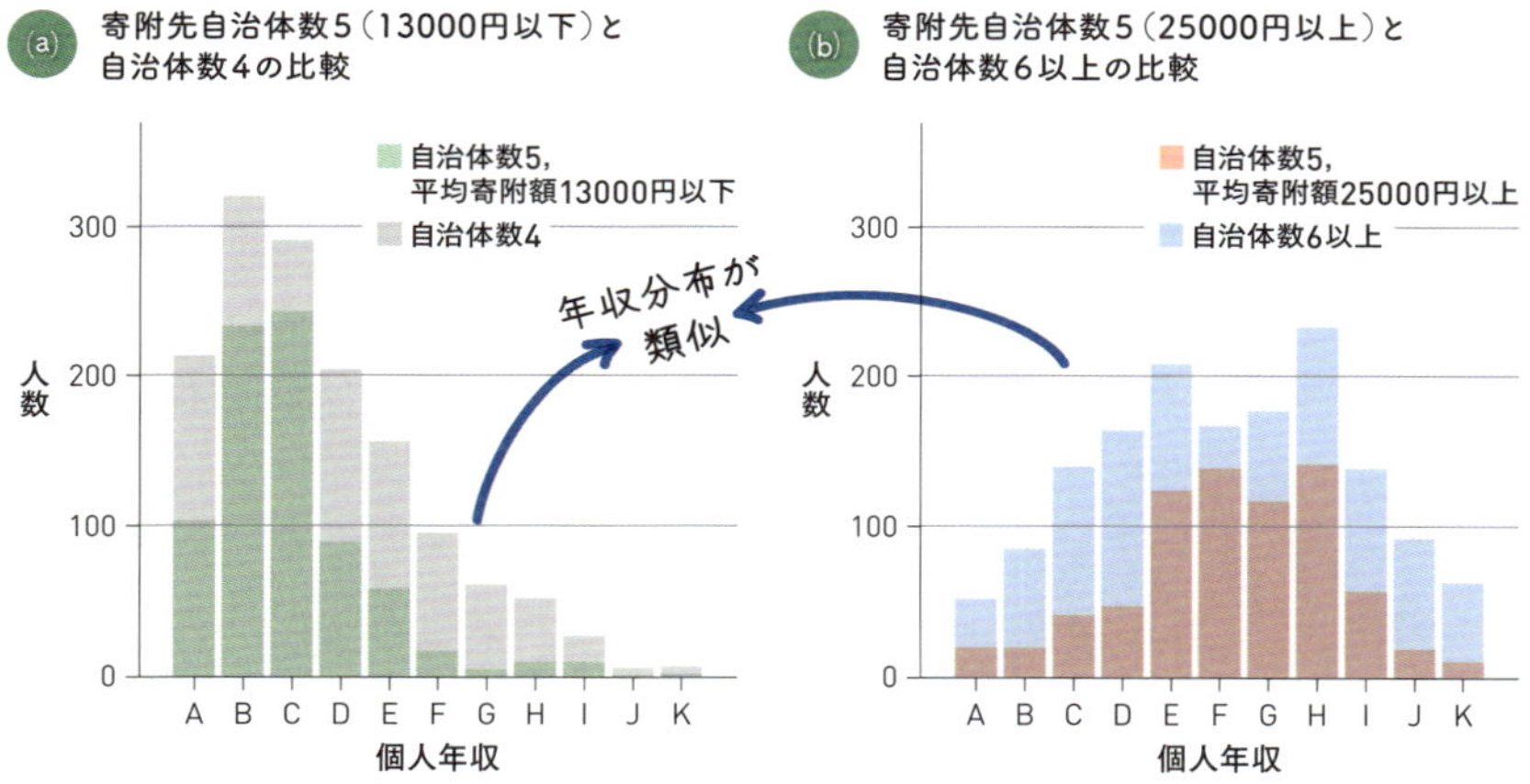

図46 反実仮想（カウンターファクチュアル）

［個人年収の内訳］ A：400万円未満 B：500万円未満 C：600万円未満 D：700万円未満 E：800万円未満 F：900万円未満 G：1000万円未満 H：1100万円未満 I：1200万円未満 J：2000万円未満 K：2000万円以上

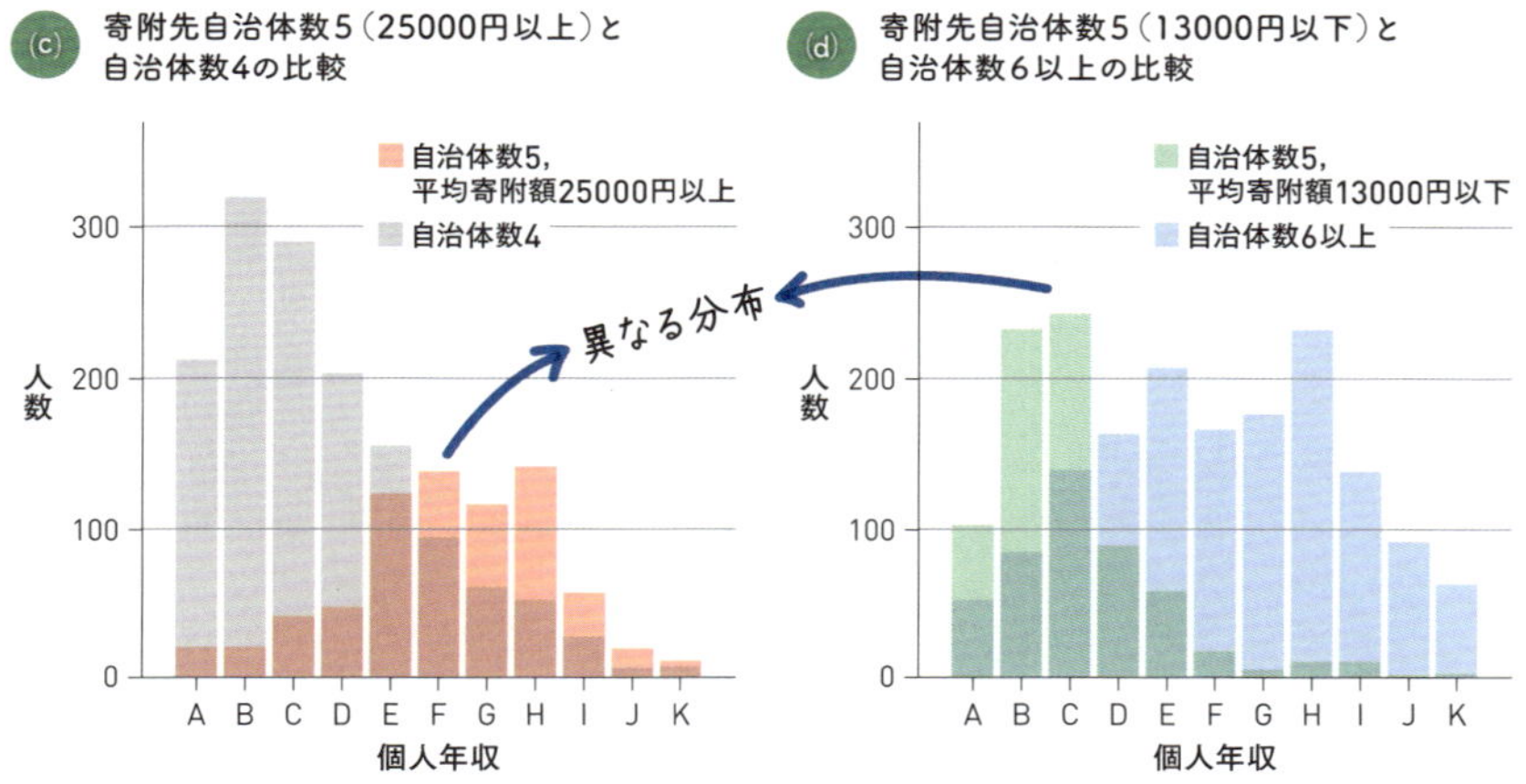

データ：筆者ら独自の「ふるさと納税実態調査」を使用

対象者：有職者、年収300万円以上の20～64歳男女／2022年1月～12月にふるさと納税で寄附をした人異なる形状を示していますね。

同様のことは、図46(d)についてもいえます。寄附先自治体数を6つとした人の年収分布は、年収1000〜1100万円（H）がピークでした。一方で、寄附先自治体数が5つ、かつ平均寄附額が1万3000円以下の人の年収分布は年収500〜600万円（C）をピークにして、より年収の低い方向の密度を厚くする形で分布しています。

この考察から、「5自治体の上限」に直面しない寄附者は、1〜5つの範囲で自らの望む自治体数を選択している一方で、「5自治体の上限」に直面する寄附者は、寄附先自治体数を5つまで減らし、その分だけ寄附先自治体への寄附額を増額しているといえます。そんなややこしいことをしなくても、(a)と(b)だけ見ていればいいのでは？と思うかもしれません。確かに、そうなんですが、自分が言いたいことが見えた！**よし念のために「じゃない方」も見て確認しよう！と思うのは、とても丁寧な考え方です。**しかもそのプロセスに「反実仮想」と名前もついているので、レポートやプレゼンに加えると、とても好ましく見えます。そして、なかなか試せる機会も実際には巡ってこないので、そういう機会（データや設定）に出会ったらぜひ、やってみてくださいね！

ワンストップ特例制度で恩恵を受けるためには、寄附先自治体数を5つ以下にするという制約があることによって、もっと寄附したいのに5つ以下にしたり、1件あたりの寄附額が高くなったり、数え間違えて5つを超えてしまって確定申告しなくてはいけなかったり……と満足度が下がる人がいそうなことがわかりました。

最後に、どんな改善ができそうか提言として整理して分析を終わりましょう。

提言1：ワンストップ特例制度の情報周知と寄附先自治体数情報の一層の可視化
↓数え間違えの防止

提言2：災害支援などでの返礼品を受取らない寄附はワンストップ特例制度の上限自治体数のカウントに含めない
↓応援の気持ちを損なわない、年末に災害があっても寄附できるように

提言3：ワンストップ特例制度を利用できる寄附先自治体数の上限の引上げ
↓仮に上限を設けなければもっと、多くの自治体に寄附が集まる可能性も！

地域の魅力を高める存在は何か

第4章ではインバウンドブーム〜コロナ禍〜コロナ後と、地域の観光需要の分析をしました。大きな構造変化という数値の断絶があっても、順位変動を見たり、クラスター分析をした

りすれば全体を見られることがわかりました。また、日本人旅行者と比べてインバウンド旅行者の訪問先は変動が大きく、企業や自治体の工夫や発信で人気が上がる可能性が高いです。

一方で、第5章で紹介したふるさと納税は、移動ができなかったコロナ禍に利用者数も寄附額も伸びました。海外旅行はもちろん、国内での旅行も難しく、お家時間が増えたことで、他の地域の特産品を楽しむふるさと納税が求められたということです。こちらも、今は人気の自治体や返礼品に集中が見えますが、利用者のニーズを知ることで、人気の寄附先になれるチャンスはあると思います。物理的に赴《おもむ》かなくても、その土地のことを知れて繋がる機会になる、そして次の旅先や生活の場になるということも起こりそうです。

この2つの取組みが上手くいっている自治体に共通するのが、自治体の人材の能力で、民間との協業や効果的な施策を通じて地域の魅力を高め、他地域から人や企業を引きつける可能性があるという気づきや仮説を得ました。

かみ砕くと、次のような人材がどれくらいいるかだと思います。

1. 地域の産物や地理的なものを外の人にとって魅力的かつ、今の人たちが求めるものに変える（見せる）ことができる企画力
2. 官民協力してイベントを企画したり、アイディアを出したりできる雰囲気
3. 土地に住んでいる人や企業が、自分の場所を盛り上げたいと思う地域

これらの代理変数として、旅先としての人気度やふるさと納税の寄附先としての人気度を使えたらいいなと思います。……これは私の今後のライフワークですが……。

ここまでの話で、「ふるさと納税といえば、返礼品！」だけではなく、①観光政策の補完的な役割を持つ、②直接自治体に寄附するので被災地を確実に応援できる、③幸福度（Well-being）が高まるというストーリーが浮かんでくると、霞が関の超優秀なポリシーメーカー顔負けです！

第6章

データが少ない分野での戦い方

デジタル経済の実態をつかむには

入手が難しいデータは、まず個人調査から

ここではなかなかデータがとりにくかったり、整理されていない、新しい事象や領域を分析するときにどう考えたらいいのか、最近の私の取組みを紹介します。永らく民間データを使ったり、公的統計調査についての仕事をしていると、日本のデータのここがもっと強くなれば！と思う分野が見えてきます。その1つが**デジタル分野**です。デジタルというと広くさまざまなことを含みますが、単純に私たちがどれくらいキャッシュレス決済しているか、オンラインショッピング（EC：eコマース）を使っているかすら、現状は国の調査でしっかり把握ができていない状況です。そこで、2024年（令和6年）3月から総務省統計委員会に新たにできた「デジタル部会」にメンバーとして参画しています。デジタル技術を統計調査に活用する、そしてデジタル経済を把握できる統計調査のための議論をすることが目的です。部会が新設されるくらい、これから把握していく分野ということです。

図47　コロナ前後における全世界のデジタル決済比率（15歳以上）

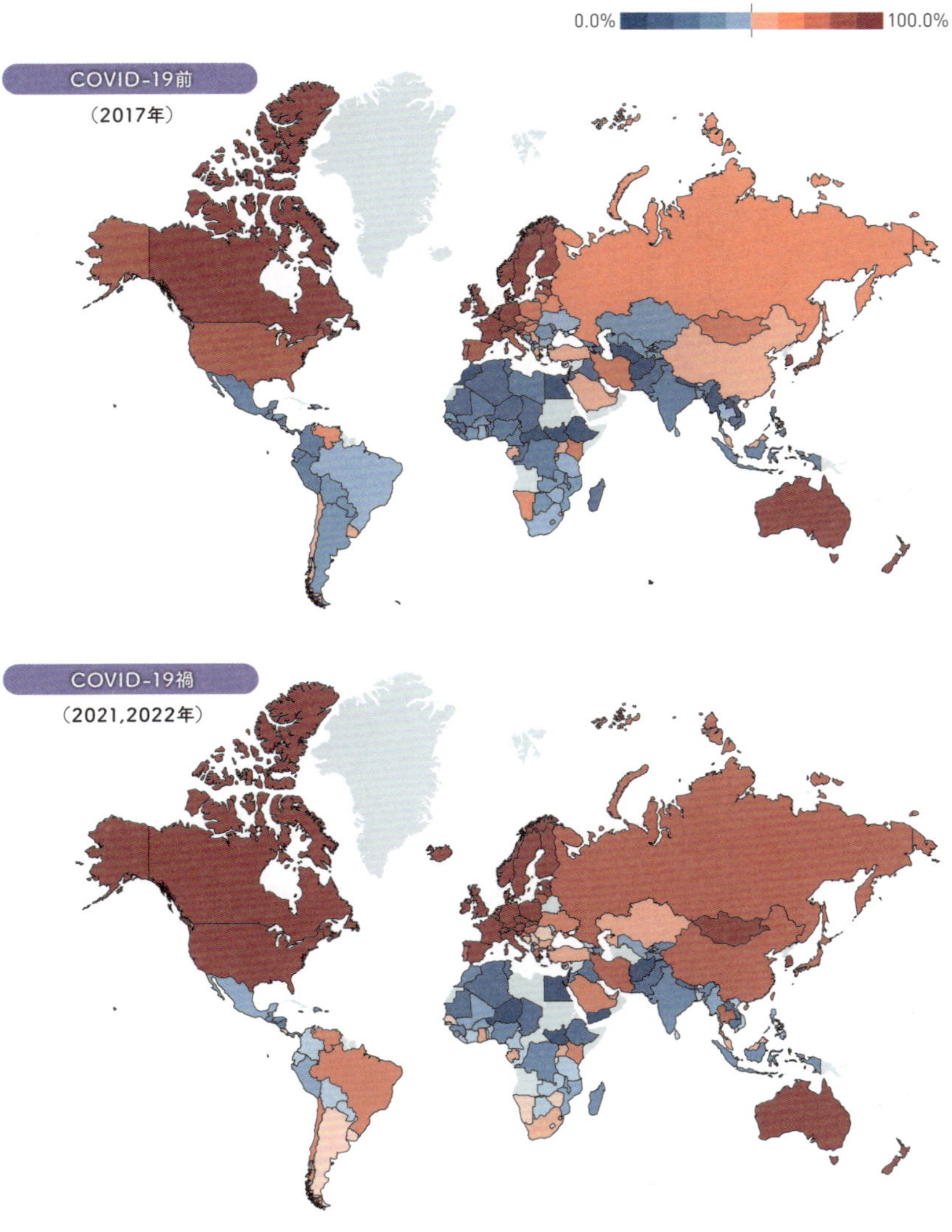

データ：世界銀行の「The Global Findex Database 2021」を使用／©2024 Mapbox ©OpenStreetMap

ここでは世界銀行の個人を対象とした調査、私がインテージリサーチ社のメンバーと行った個人を対象とした調査、家計簿アプリZaimのデータを使って、キャッシュレス決済の浸透度について見ていきます。

デジタル技術の社会や経済への浸透度を計測することが難しいのは日本だけの課題ではなく、多くの国や地域、国際機関でも同じです。世界銀行の最新の「The Global Findex Database 2021」は、国や地域の集計結果、その基になる個人のデータも無償で入手可能です。国や地域は完全オープン、個人データも登録すれば利用できます。各国、各地域1000人相当の個人に調査を行い、調査項目もとても多いです。

その中で、15歳以上に「何らかのキャッシュレス決済を1年間に1度でもしたか」と聞いている項目を使って、キャッシュレス比率を計算した結果を地図にしました（図47、48）。アジア地域のキャッシュレス比率は、コロナ禍を経て高まっているのがわかります。

本来ならキャッシュレス決済を提供している**企業の調査やデータの方が、カバー率は高くなります。取ることが難しいデータは、まずは個人調査から！**が定番なので、この分野も個人が対象の調査が先行しています。

次に、インテージリサーチ社のメンバーと、2024年の9月に全国約5万3000人を対象に行った「制度の利用に関するアンケート」の結果を見てみましょう。図49は2024

図48 コロナ前後におけるアジアのデジタル決済比率（15歳以上）

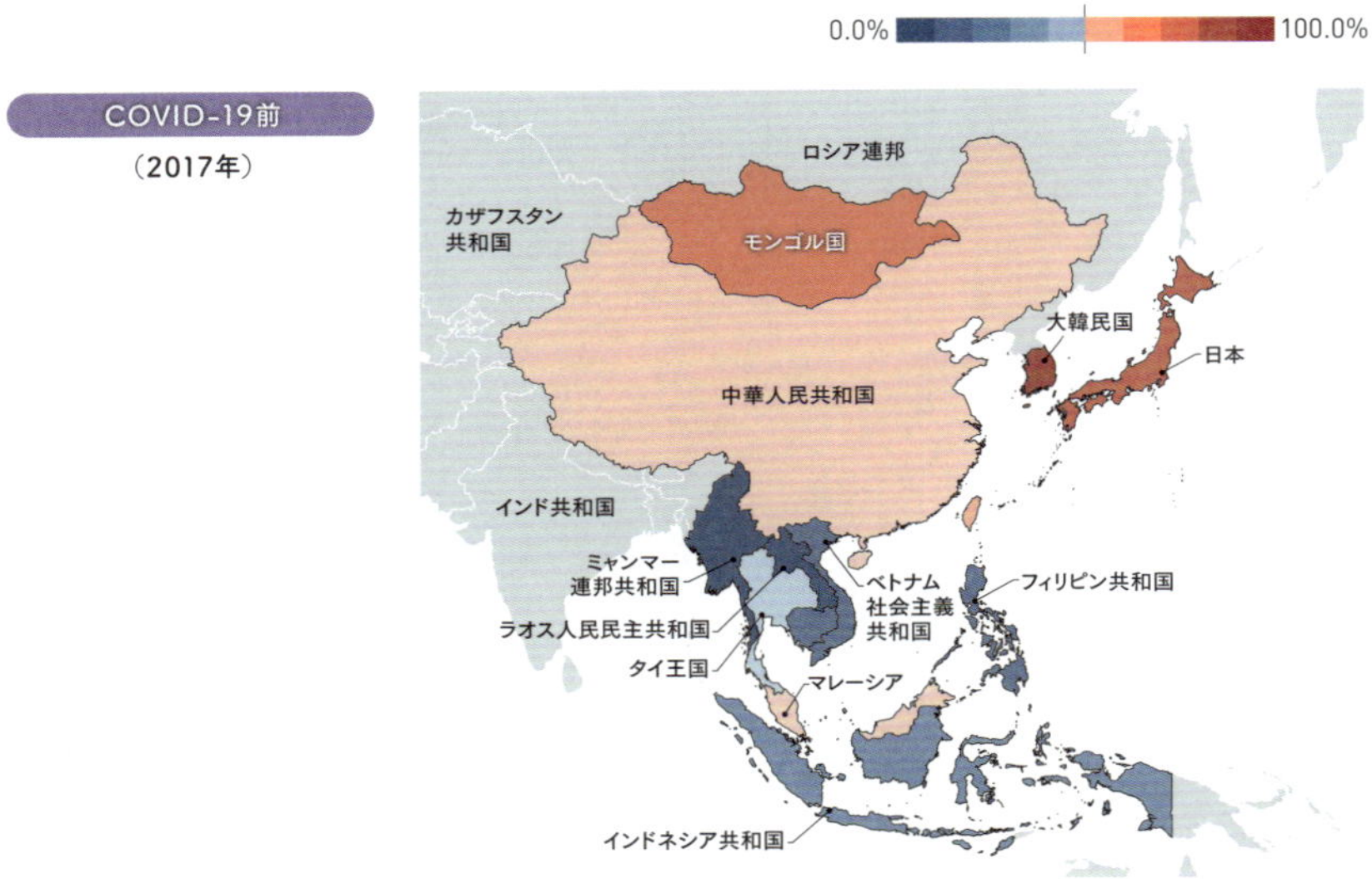

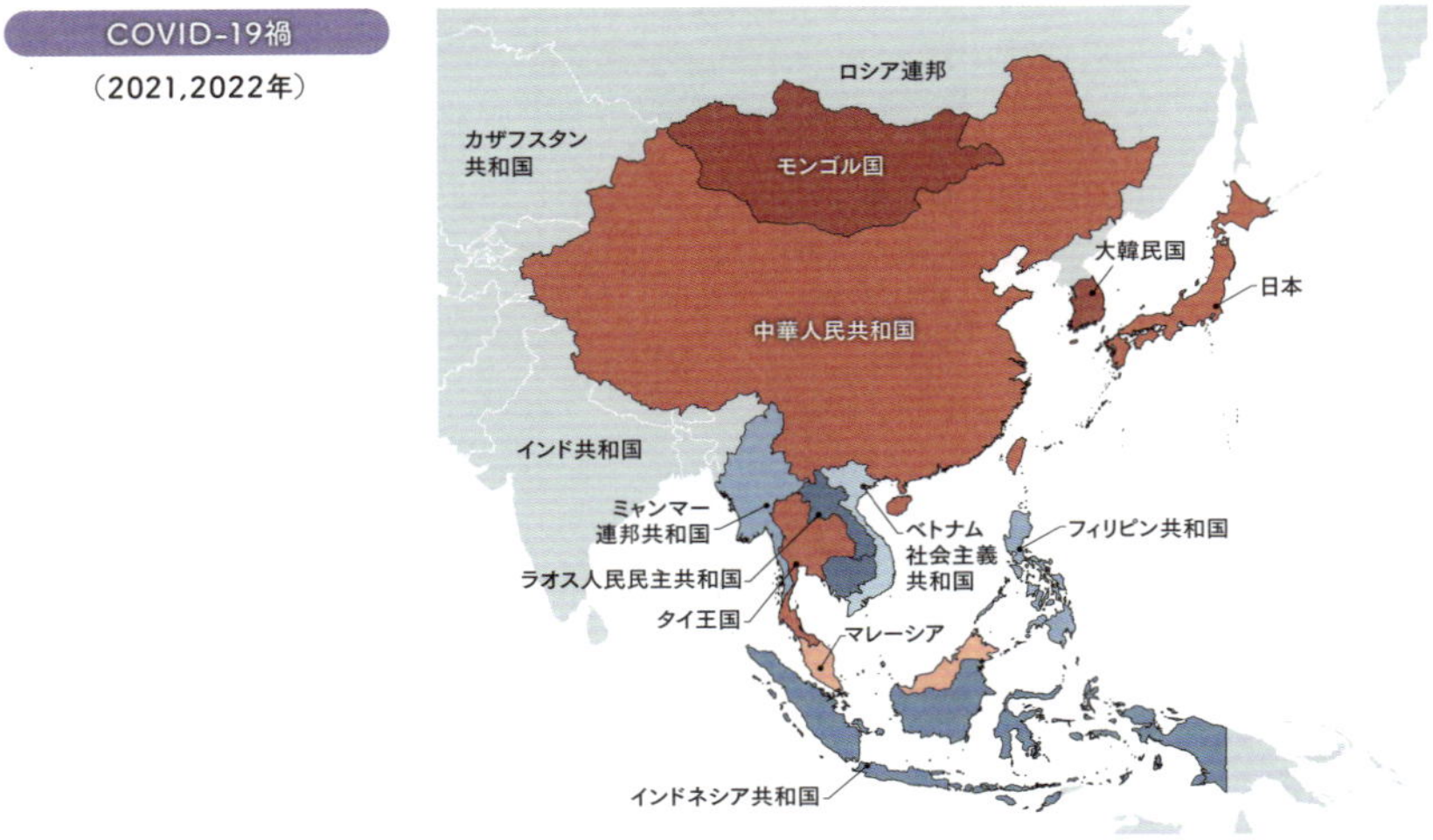

データ：世界銀行の「The Global Findex Database 2021」を使用／©2024 Mapbox ©OpenStreetMap

年9月現在のキャッシュレス決済の利用状況です。複数回答で、利用している決済の種類を聞いています。利用していない人は、わずか3・7%でした。こういう**種類の多いグラフは、凡例で色分けをしてグループ化することで見やすくなります。**85・5%の人がクレジットカードを利用していました。2番目に多いd払いが53・8%、PayPayが41・3%、交通系ICが41・2%と続きます。

今度は、キャッシュレス決済を利用しない理由の結果です（図50）。種類が多いので、工夫しました。図49より、クレジットカード利用者は85・5%と多いことがわかったので、グラフから外しました。赤色は1つも電子マネーを使っていない人を電

図49　キャッシュレス決済利用状況

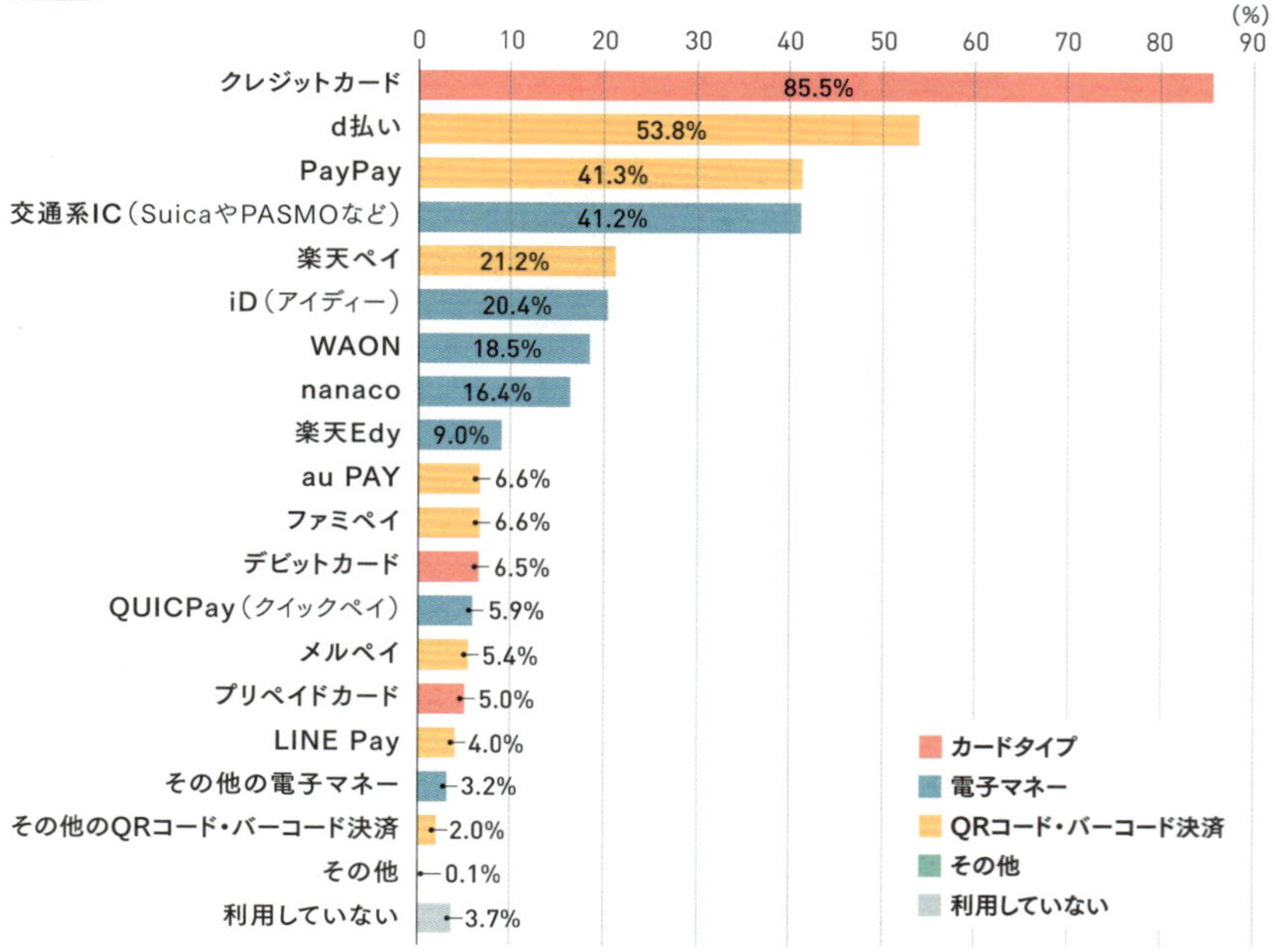

データ：筆者ら独自の「制度の利用に関するアンケート（2024年）」を使用
対象者：有職者、年収300万円以上の20~64歳男女／サンプルサイズ：n=52,984

子マネー未利用、青色はQRコード・バーコード決済を1つも使っていない人を同決済未利用、黄色は、クレジットカード、電子マネー、QRコード・バーコード決済のどれも使ったことがない人（＝現金のみ利用）に分け、利用しない理由をグラフにしました。**それぞれ人数が異なるので、順位でグラフを描き、ラベル順位を加えることで比較しやすくしました。**納得感がある順位でしたが、2つだけ私の予想と異なるものがありました。キャッシュレス決済を利用するには、対応している店舗が十分にありアクセスが良い必要があります。地域差が結構あって、使いたいけれど使えない人が多いのではと推測して、選択肢に加えました。しかし、未利用の理由としては、9位、10位でした。もう1つは、「スマート

図50　キャッシュレス決済を利用しない理由

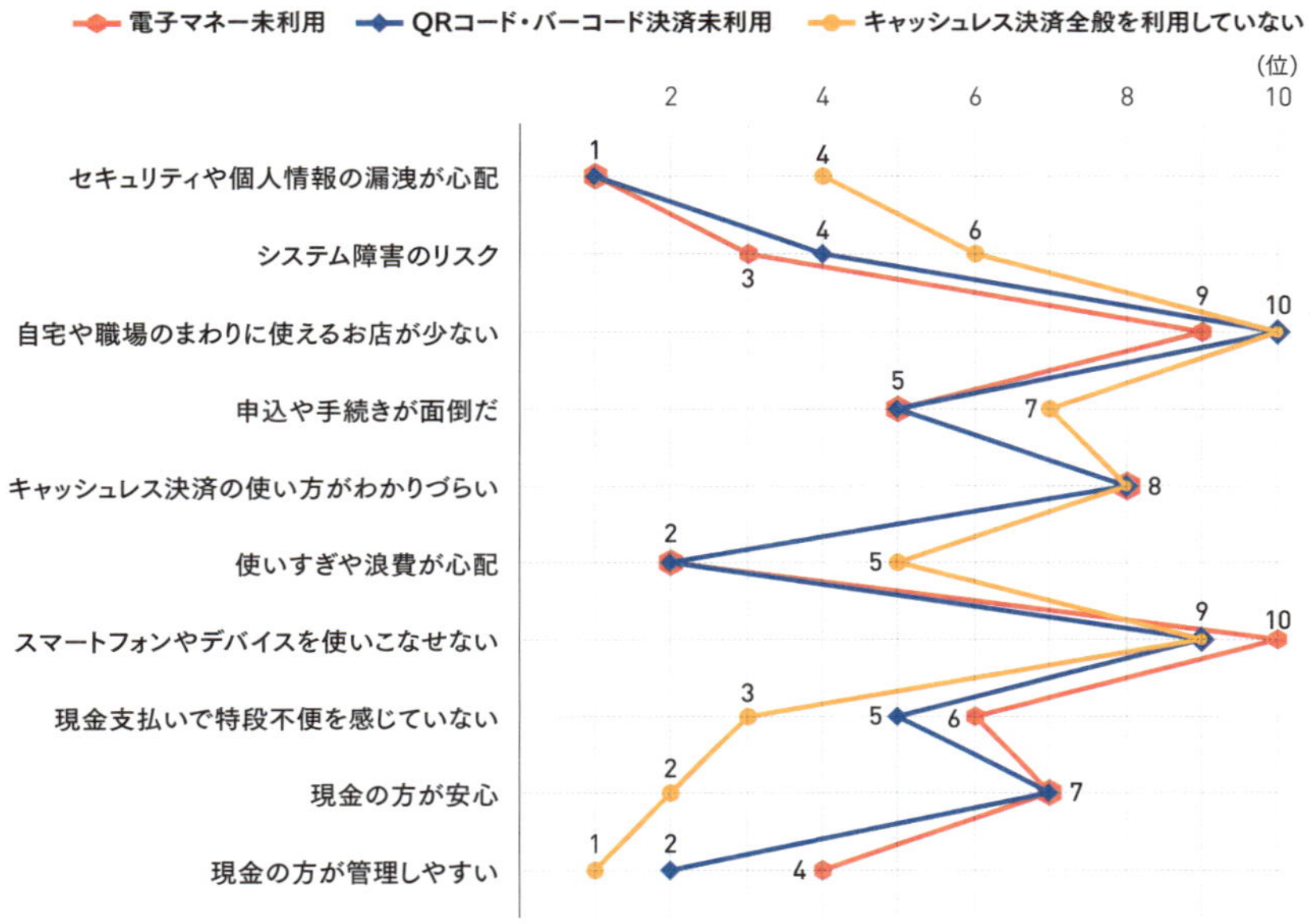

データ：筆者ら独自の「制度の利用に関するアンケート（2024年）」を使用／対象者：有職者、年収300万円以上の20~64歳男女／サンプルサイズ：電子マネー未利用（n=16,898）、QRコード・バーコード未利用（n=9,671）、キャッシュレス決済全般未利用（n=1,955）

フォンやデバイスを使いこなせない」でしたが、こちらも9位、10位と多くの人にとって阻害要因にはなっていないようです。

日本では、2019年10月の消費税率引上げ時の需要喚起・平準化政策として、「キャッシュレス・ポイント還元事業」が行われました。キャッシュレス対応による生産性向上や消費者の利便性向上の観点も含め、消費税率引上げ後の9か月間に限り、中小・小規模事業者によるキャッシュレス手段を使ったポイント還元を支援する事業が実施されました。実際にアンケート調査の結果を見て、この事業により中小事業所までキャッシュレス決済のインフラが普及し、事業から5年経過した後も維持されていることがわかりました。

家計簿アプリでキャッシュレスの普及状況を捉える

経済産業省の報告では、2020年のキャッシュレス決済比率は、支出額ベースで29・7%、2019年と比較して2・9%上昇しました。コロナ禍で民間最終消費支出が落ち込む中、クレジットカード、デビットカード、電子マネー、QRコード決済のすべての決済手段において決済金額が伸びています。第2章や第3章で、コロナ禍では買うものが変化したことをお見せしましたが、支払いの仕方も変わりました。近年のキャッシュレス決済の浸透は、利便性向上やポイント付与に加えて、「非接触による感染予防」という新たな付加価値を有したからだと思います。よって、Zaim社（当時）の家計簿アプリの決済方法データを使い、**決済回数ベースのキャッシュレス決済比率**を計算し、業態比較をしてみましょう。

まず、コロナ禍でマスク等の感染予防品、日用品、食品を購入したスーパーマーケット、コンビニエンスストア、ドラッグストア、ホームセンターのキャッシュレス決済率を観察します（図51）。比率を計算するときに、金額、品目、決済回数を選択できましたが、**非接触に着目して決済回数で計算しました。**

グラフの中の数字は、コロナ前の2019年1月（左）と2021年12月（右）時点を示します。こういうときに、**期間中ずっと利用した人を対象とするか、各時点で利用した人を対象とするか**決める必要があります。「キャッシュレス決済比率の推移を見たい」という目的でしたら、**各月で利用した人を対象にするの**が良いと思います。

黄色が現金による決済比率で、薄い青色がクレジットカードによる決済、濃い青色が電子マネーによる決済です。キャッシュレス決済比率はクレジットカードと電子マネーの合計を記載しています。4つの買い物場所で2019年1月時点と比較して現金による支払いが減っているのがわかります。突出しているのがコンビニエンスストアで、72・7%がキャッシュレスによる支払いでした。その他の3業態では、決済回数の8割以上が現金支払いでした。

経済産業省の「商業動態統計」によると、コンビニエンスストアの2020年の市場規模は、スーパーマーケットの14・8兆円に次ぐ11・6兆円で、日本フランチャイズチェーン協会の「コンビニエンスストア統計調査」の同年結果によると、全店ベースで客単価は670円、年間来店客数は159億173万人と決済回数が多い業態です。

次に、図52でカフェ、飲み会、洋服、美容院といったサービス支出におけるキャッシュレス決済比率を見てみましょう。カフェ、飲み会、美容院は来店が必須なので、オンラインショッピングは含まれないのが特徴です。一方、洋服は実店舗販売とオンラインショッピングの両方を含みます。いずれも、図51よりもはっきりとキャッシュレス化が進んだことがわかります。カフェは、20・1%、美容院が18%、洋服が17・1%、飲み会が11・2%ポイントアップしました。洋服への支出はキャッシュレス決済比率が80・7%と突出し、とりわけクレジットカードでの決済が進んでいます。カフェと美容院は4割強がキャッシュレス決済でした。一方、飲み会では現金支払いが8割を超えていることから、テーブルやレジ前で割り勘している姿が目に浮かびます。

単価が高い洋服や美容院でクレジットカード、単価が低いカフェやコンビニエンスストアで電子マネーの使用が進んでいることがわかります。ただ、このグラフは2021年末までの情報ですので、今はもっとキャッシュレス化が進んでいると思います。

図51　決済回数ベースのキャッシュレス比率（業態別）

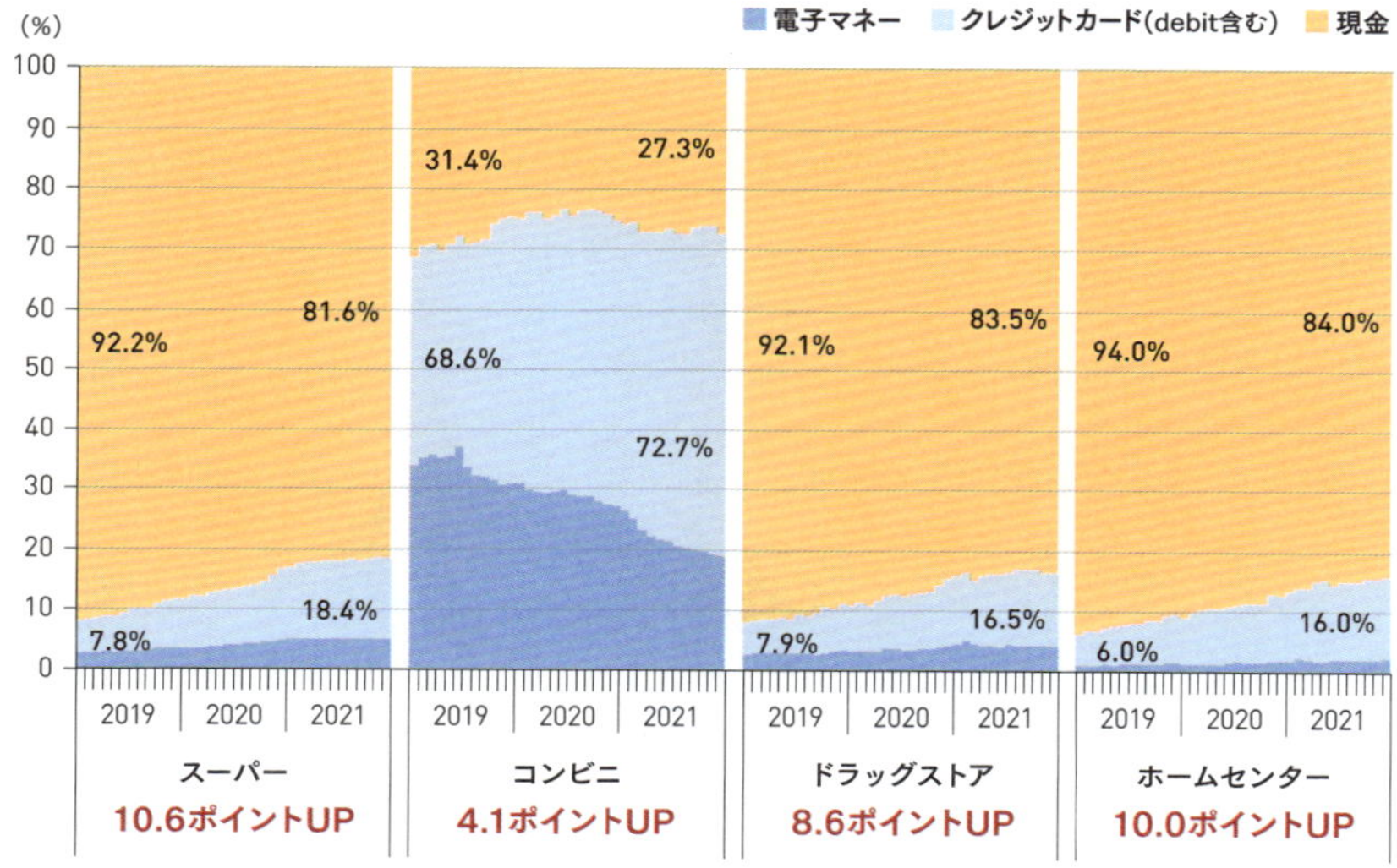

図52　決済回数ベースのキャッシュレス比率（サービス別）

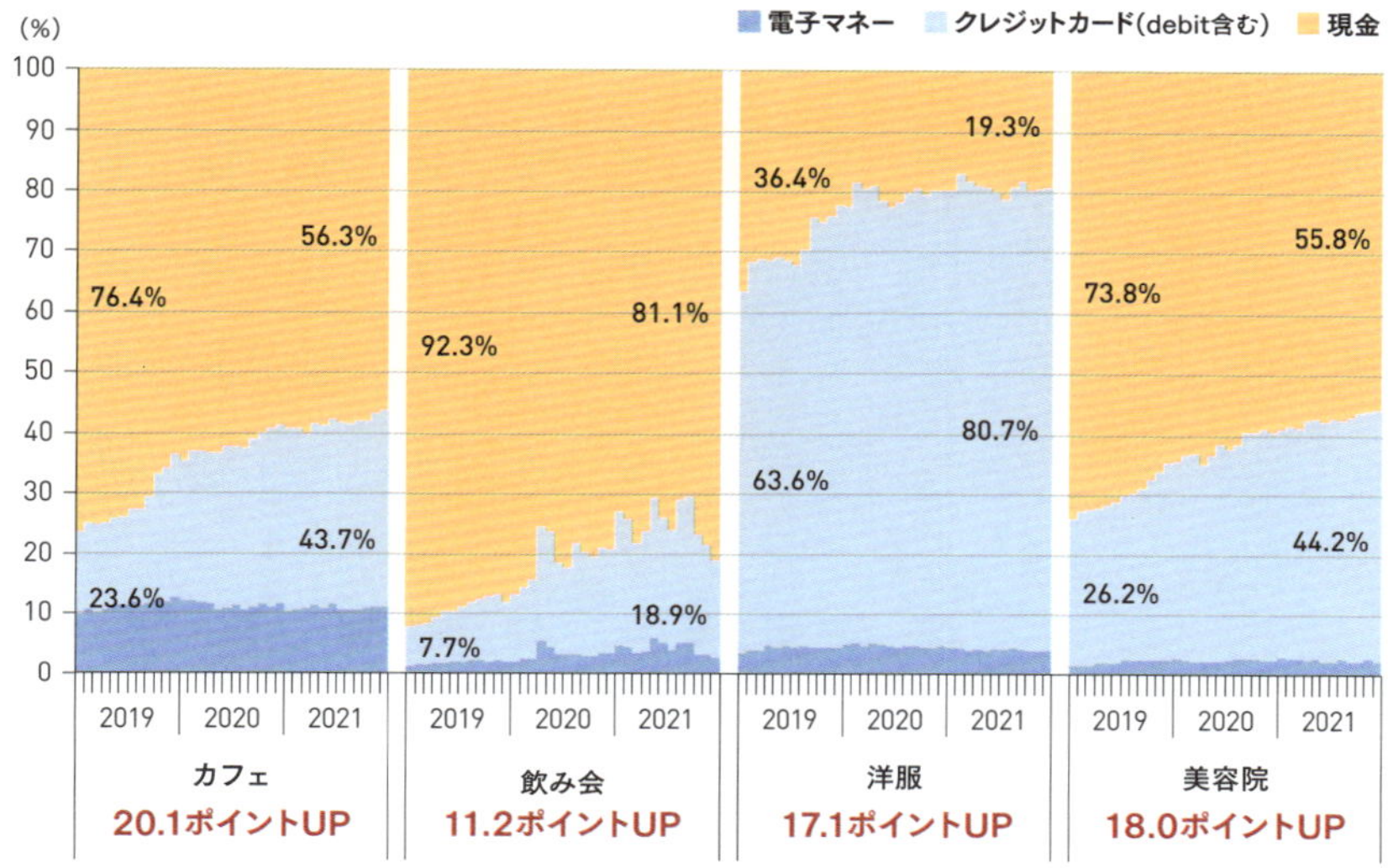

データ：家計簿アプリ「Zaim」を使用

ここまで見て、「思ったほどキャッシュレス化が進んでいないな」と思った読者もいると思います。こういう率直な疑問は、プレゼン後に質問が来ることが多いので、先回りして（というか自分も知りたい）分析しておきましょう。質問が来たときにさっと見せるのでも、プレゼンの中で先回りして出すのも、**リサーチャーや分析内容に対する信頼度を高めるのに役立ちます。**

同じく家計簿アプリのデータを使って、電子マネーへのチャージとクレジットカード支払額について、２０１９年1月を基準とした指数を計算してみました。電子マネーへのチャージは、現金と銀行口座からの引き落としが該当します。２０１９年から増え続け、２０２１年12月には2・74倍になっていました。

クレジットカード引き落としは、実店舗とオンラインショッピングでの購入が対象で、こちらも右肩上がりで1・36倍となっていました。留意点は、電子マネーで支払った場合でも決済がクレジットカードにひもづいている場合には、カード決済に計上される場合があることです。これが、電子マネーの決済比率が実感より低く、コンビニエンスストアで電子マネーが下がりクレジットカードの決済比率が上がっている理由の1つになります。

見えにくい自然災害への備え

地震はいつ・どこで起こると思うか？

近年、地震、豪雨、台風と自然災害が増え、備えへの関心が高まっているように感じます。地域で防災の状況は異なるのか？年代で災害を心配する率は違うのか？など、「備え」についての意識や行動はどうなっているのでしょうか。ここではインテージリサーチ社のメンバーと共に、２０２４年5月に全国約2万１０００人を対象に行った「自然災害への備えと復興に関する調査」を主に用います。アンケート調査と公的統計として公表されている気象、防災情報と組合わせて、どんな分析ができるかを紹介します。

気象庁によると、日本全国で１９５０年以降、震度6弱以上の地震は70回発生し、そのうち２０１１年の東日本大震災以降に35回と半数がこの10年余りの間に発生しています。一方で、１９５０年以降に震度6弱以上の地震が一度も発生していない府県が19あり、居住地によってリスクの感じ方は異なりそうです。そこで、震度6弱以上の地震が「今後何年以内」に発生すると感じているかを災害に対する**「リスク感度」**とし、**「居住地」**と**「居住地以外（自分が住んでいる地域以外の日本国内のどこか）」**に分けて聞いてみました。

図53は、年代別に震度6弱以上の地震が、「いつ（今後何年以内）」、「どこで（居住地、居住地以外）」で起きると思うかを集計した結果です。

居住地と居住地以外で比較すると、1年以内の超短期のリスク感度（水色）は、全ての年代で、「居住地以外で発生する」と思う人が「居住地で発生する」と思う人より多く、特に60歳以上では約4・6倍も多くなりました。**正常性バイアスや楽観性バイアス**という言葉が頭をよぎります。

居住地以外については、全ての年代で、7割以上の人たちが今後10年以内に地震が発生すると思っています。また、「いつ」起きるかと思うかは、**年代を問わず同じ傾向が見られました。**

居住地については、全ての年代で、10年以内に発生すると思っている人が半数以上となりました。また、5年以内、3年以内、1年以内のそれぞれの期間では、**年代が若いほど**、短期間に地震が発生すると思う人の割合が高く、**地震への意識・不安が高い**ことがわかります。特に、1年以内の超短期では、20代（13・3％）と60代以上（5・3％）との差が最も大きくなりました。人生経験が長く地震のニュースを見たり、経験したりした機会が多いはずの、60歳以上のリスク感度が低いことがわかります。

リサーチャーは、グラフを描いた後に、解釈する必要があります。解釈を見越して、①年代（性別、職業、年収などの属性）で集計する、②短期〜中期〜長期と時間を意識して集計するというポイントがあります。この視点で見ると、居住地以外は**年代と時間の長短に年齢差がない**こと、居住地については、**5年以内の地震発生率については年代が若い方が地震を心配している人の割合が多い**という特徴が見えます。

そして、例えば「経験が長い（年齢が高い）方が、リスク感度が低いのはどうして？」、「災害は起きるけどよそで起きると思ってるんだな」などの、引っ掛りポイントは「想定と異なる（じゃない方）」となり、次の分析の「たまご」になります。

図53　震度6弱以上の地震が「いつ・どこで」起きると思うか（年代別）

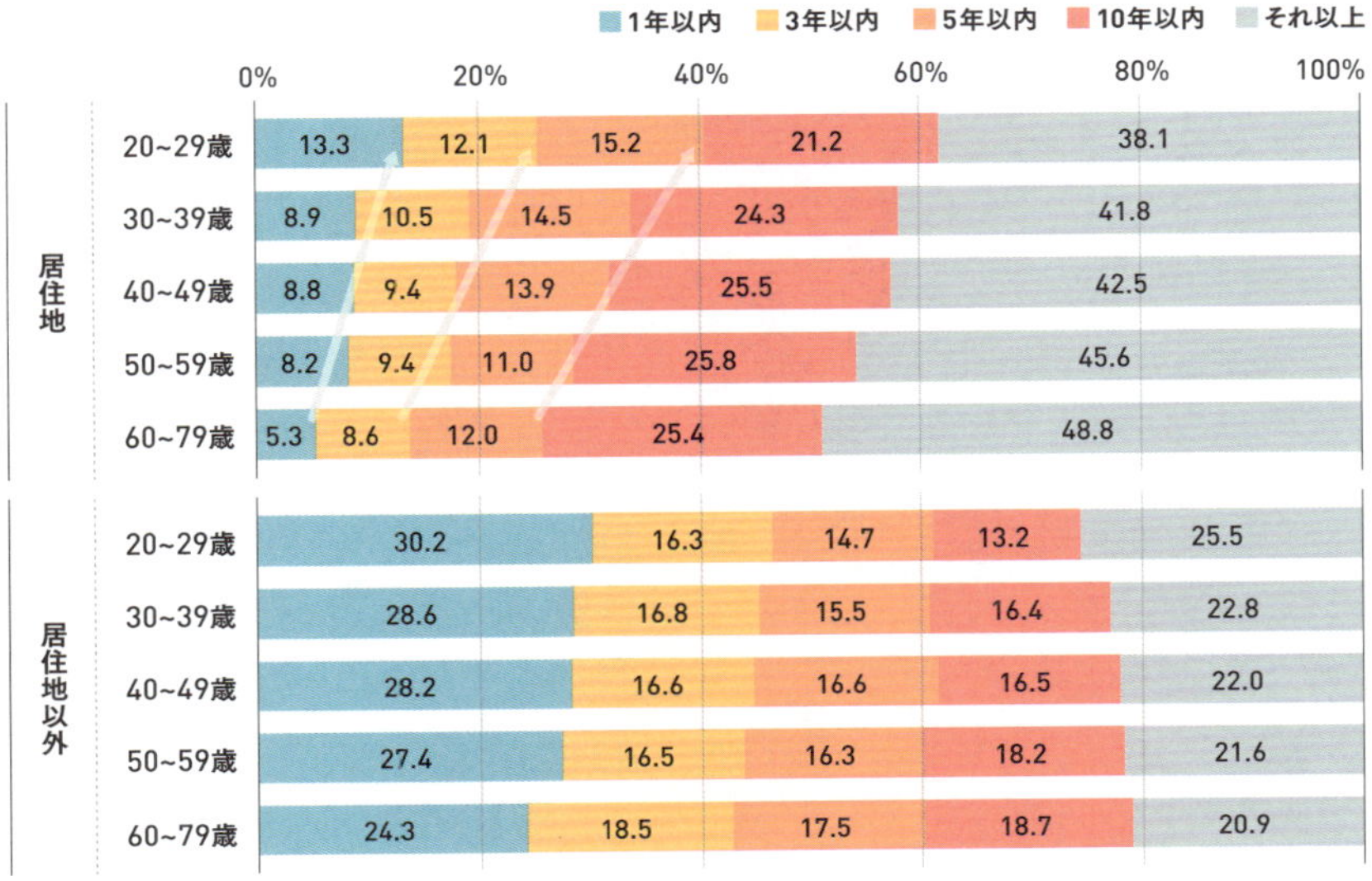

データ：筆者ら独自の「自然災害への備えと復興に関する調査」を使用
対象者：全国20〜79歳男女／サンプルサイズ：n=21,501／調査実施期間：2024年5月

自然災害への備え率×年代

備えには、**「自助」**、**「共助」**、**「公助」**がありますが、国はまず**「自助」**による備えを推奨しています。しかし、備えのニーズの急激な高まりを捉えるデータはほとんどなく、「備える人を増やす」にしても、現状がわからない状態です。

ここでも先ほどの「自然災害への備えと復興に関する調査」を使って分析します。図53の「リスク感度」は年齢別に違いが見えましたが、「備え」についてはどうでしょうか。

図54を見てみましょう。年代が上がるほど備えをしている人が多く、60代以上は67・2%の人たちが備えをしていました。若年層は半数以下しか備えをしておらず、5人に1人が、今後も備えをする予定がありませんでした。図53と図54より、近々地震が起きると思っている人が多いにもかかわらず、**備えの行動を起こせない人たちが、若年層に多い**ことがわかりました。

ここから、備えをしない、できない理由を探していくことで、「自助」を高めるきっかけが見つかります。本書では、この次に、備えに地域性はあるのかという問いに移っていきますが、**基礎的なグラフを描くことで、場当たり的でなく、次に何を分析するのかのスコープをどんどん狭めていく**ことができます。

自然災害への備えができている地域を参考にする

図53と図54のグラフを作成するまでの私は、「リスク感度」や「備え」の程度にはなんとなく年齢で差があるのではというカンで年代別集計をしました。実はカンというより、どんな事象に対しても、**とりあえず性別と年代でまず集計**するのが良いと思います。ただ、私自身は性別で分けることはほとんどなく、性差よりも世代差の方が大きいと感じるので、**年代別を使うことが多い**です。次に、都道府県で集計するとよいと思います。**47都道府県はかなり便利で、地図が描けますし、各種グラフを描くにしても少なすぎず多すぎない分類**だと思います。アメリカの州の数（50州）と近いのもいい感じです。

図55は、都道府県別に「備え」率を計算したものです。右上に赤〜青のスケールがありますが、線グラフの軸や凡例のようなもので、全ての地域の値が40%〜70%に含まれます。真ん中（平均値あたり）の地域が灰色になっています。黄色の点は2024年（令和6年）8月8日〜15日に気象庁から発表された南海トラフ地震臨時情報（巨大地

図54　自然災害への「備え」率（年代別）

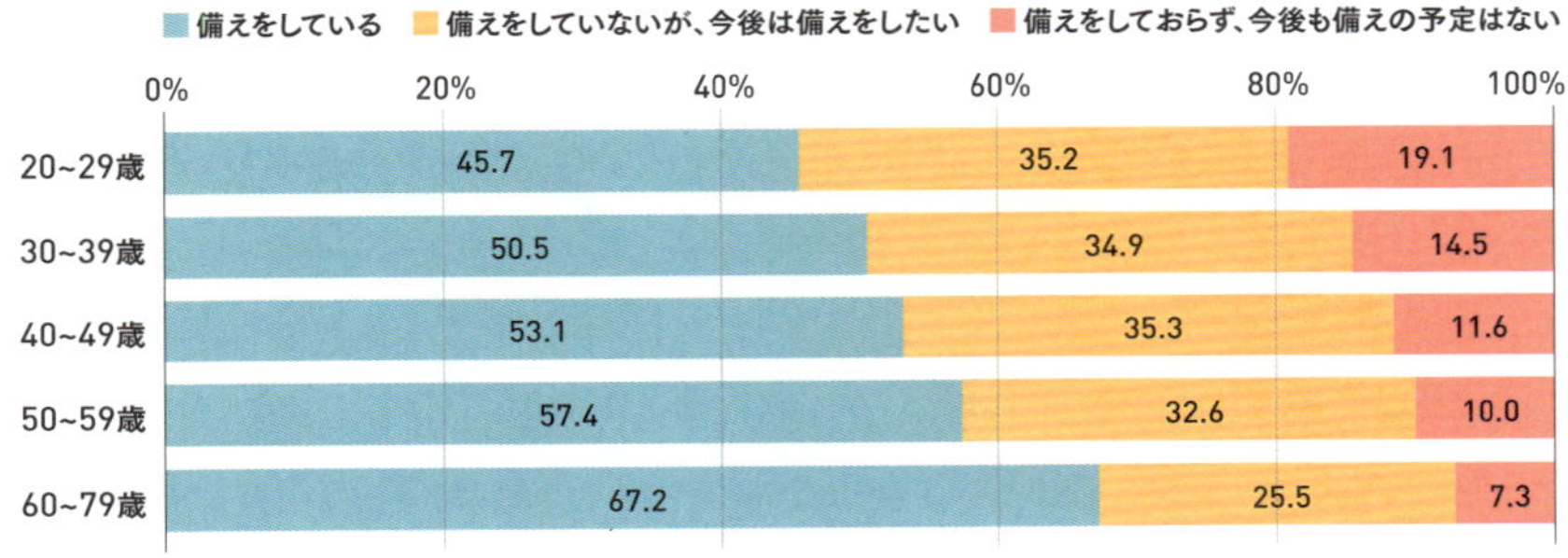

データ：筆者ら独自の「自然災害への備えと復興に関する調査」を使用
対象者：全国20〜79歳男女／サンプルサイズ：n=21,501／調査実施期間：2024年5月

震注意）の地震防災対策推進地域に該当する**市町村**です。太平洋沿岸に集中していることがわかります。地図を眺めると、西日本の日本海側で備え率が平均値より低い地域が多いことがわかります。とはいえ、地図はイメージしやすい、わかりやすい、華やかなどの良い点が多いのですが、**細かいことを理解するのには不向き**です。そこで、私は**地図には「順位表」を必ずセットで加えることを推奨しています。**皆さんの出身地やお住まいの地域の備え率は何位でしょうか？

備え率の地域別地図に、南海トラフ地震の防災対策推進地域を重ねたところで、もう一歩分析を進めていきます。ここまで使った「備え」と「リスク感度」を居住している都道府県別に集計し、地域の違いを見ていきましょう。

図56の縦軸は、都道府県（居住地）別の自然災害に対する「備え率」で、全国平均値は57・9％でした。横軸は、5年以内に自身の居住地で震度6弱以上の地震が発生すると思う人の割合を「リスク感度率」とし、居住地別に集計しました。全国平均値は30・4％です。

バブルの大きさは、「令和2年国勢調査」による昼間人口で、人口の多寡を示します。バブルの色は、濃い青色は全域が2024年（令和6年）8月8日〜15日に発表された南海トラフ地震臨時情報（巨大地震注意）の地震防災対策推進地域、薄い青色は一部が対象地域、緑色は「令和6年能登半島地震」の災害救助法適用地域、黄色はその他の地域を示します。

ここからは、縦軸と横軸のそれぞれの平均値線（灰色点線）で、4つのグループに分けて、

図55 自然災害への「備え」率の都道府県集計（地図と順位表）

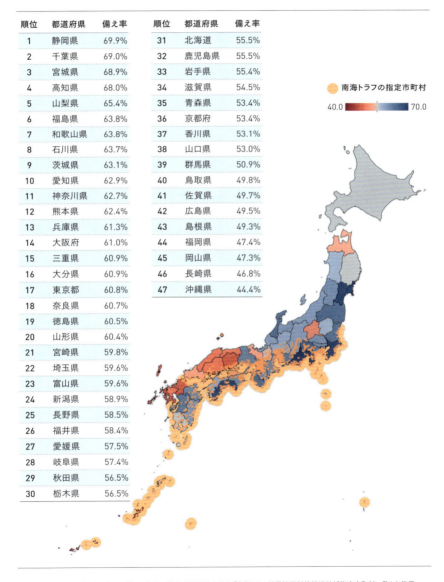

順位	都道府県	備え率	順位	都道府県	備え率
1	静岡県	69.9%	31	北海道	55.5%
2	千葉県	69.0%	32	鹿児島県	55.5%
3	宮城県	68.9%	33	岩手県	55.4%
4	高知県	68.0%	34	滋賀県	54.5%
5	山梨県	65.4%	35	青森県	53.4%
6	福島県	63.8%	36	京都府	53.4%
7	和歌山県	63.8%	37	香川県	53.1%
8	石川県	63.7%	38	山口県	53.0%
9	茨城県	63.1%	39	群馬県	50.9%
10	愛知県	62.9%	40	鳥取県	49.8%
11	神奈川県	62.7%	41	佐賀県	49.7%
12	熊本県	62.4%	42	広島県	49.5%
13	兵庫県	61.3%	43	島根県	49.3%
14	大阪府	61.0%	44	福岡県	47.4%
15	三重県	60.9%	45	岡山県	47.3%
16	大分県	60.9%	46	長崎県	46.8%
17	東京都	60.8%	47	沖縄県	44.4%
18	奈良県	60.7%			
19	徳島県	60.5%			
20	山形県	60.4%			
21	宮崎県	59.8%			
22	埼玉県	59.6%			
23	富山県	59.6%			
24	新潟県	58.9%			
25	長野県	58.5%			
26	福井県	58.4%			
27	愛媛県	57.5%			
28	岐阜県	57.4%			
29	秋田県	56.5%			
30	栃木県	56.5%			

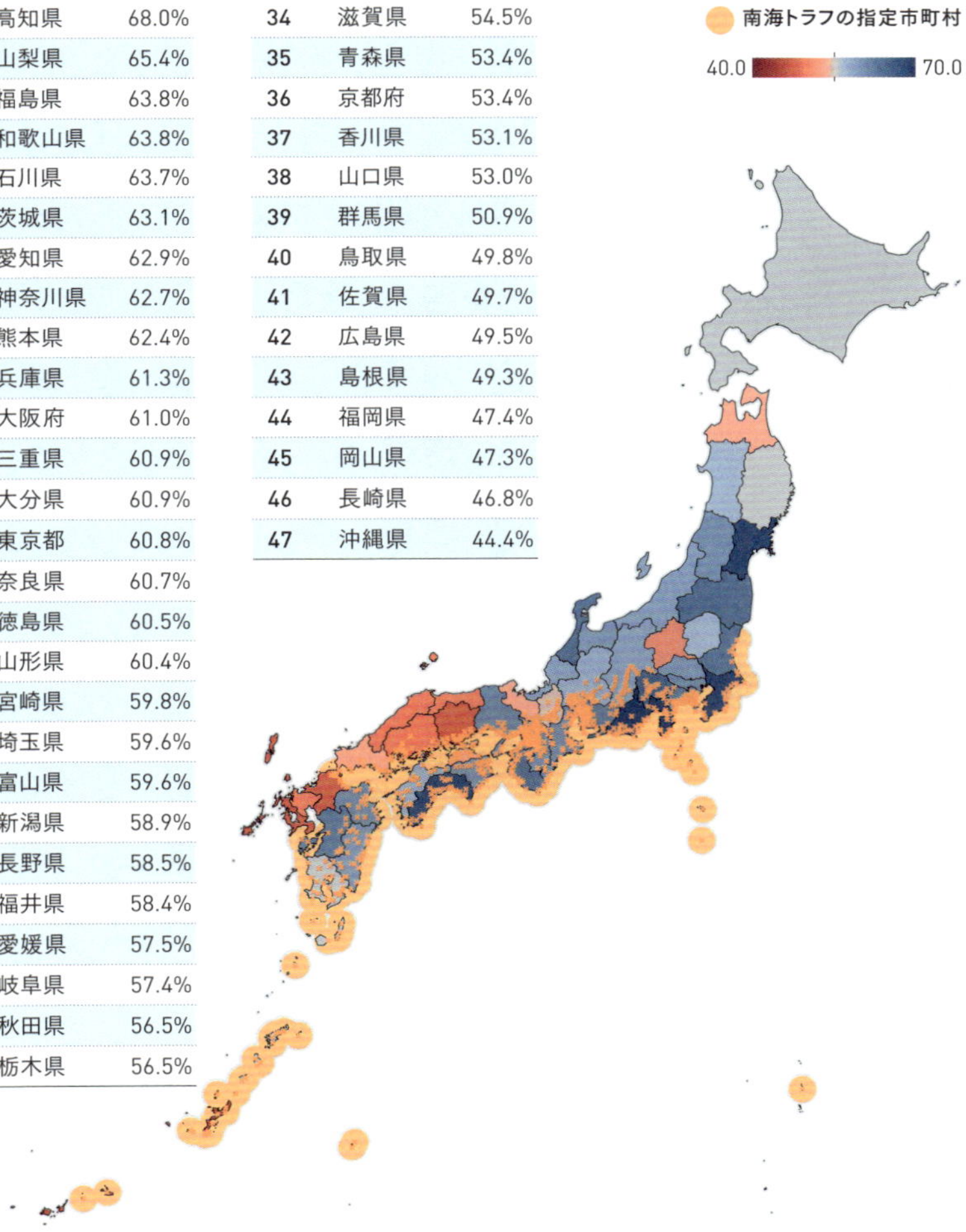

データ：筆者ら独自の「自然災害への備えと復興に関する調査」と内閣府「南海トラフ地震防災対策推進地域指定市町村一覧」を使用
対象者：全国20〜79歳男女／サンプルサイズ：n=21,501／調査実施期間：2024年5月／©2024 Mapbox ©OpenStreetMap

それぞれの顔ぶれを比べてみましょう。

第1グループ：「備え率」高い×「リスク感度率」高いグループ（15都県）

南海トラフ地震防災対策推進地域と一部対象地域が多く、昼間人口の多い東京都、神奈川県、千葉県、埼玉県、愛知県が含まれます。また、近年大きな地震を経験した宮城県、福島県、石川県、新潟県、富山県、宮崎県も入っており、宮城県、福島県、石川県は、特にリスク感度率が高いです。

第2グループ：「備え率」高い×「リスク感度率」低いグループ（11府県）

山形県、福井県以外は、南海トラフ地震防災対策推進地域に指定されています。また、大阪府、兵庫県、熊本県は過去に大きな地震を経験しました。5年以内の地震発生率は低いと感じていますが、平時から備える意識が高い地域と言えるでしょう。47都道府県中、最も備え率が高かった静岡県（69・9％）が含まれます。

第3グループ：「備え率」低い×「リスク感度率」高いグループ（4県）

愛媛県のみ南海トラフ地震防災対策推進地域でした。「リスク感度率」は平均以上ですが、「備え率」が平均より低いグループです。愛媛県と栃木県は、「備え率」が平均値に近いため、住民に効果的な働きかけをすることで「備え率」が高まり、第1グループに移行する可能性があります。

第4グループ：「備え率」低い×「リスク感度率」低いグループ（17道府県）

4グループ中でその他の地域が7道県と最も多いです。**特に昼間人口の多い北海道、福岡県、京都府は、備えの行動を促す工夫が必要**です。また、1950年以降、震度6弱以上の地震が一度も発生していない19府県のうち半数の10道府県がこのグループに含まれていました。大きな地震を経験していない居住者も多いため、「リスク感度率」が低いと考えられます。しかし、巨大地震注意の対象になった地域は、

図56　都道府県（居住地）別の「備え率」と「リスク感度率」の関係

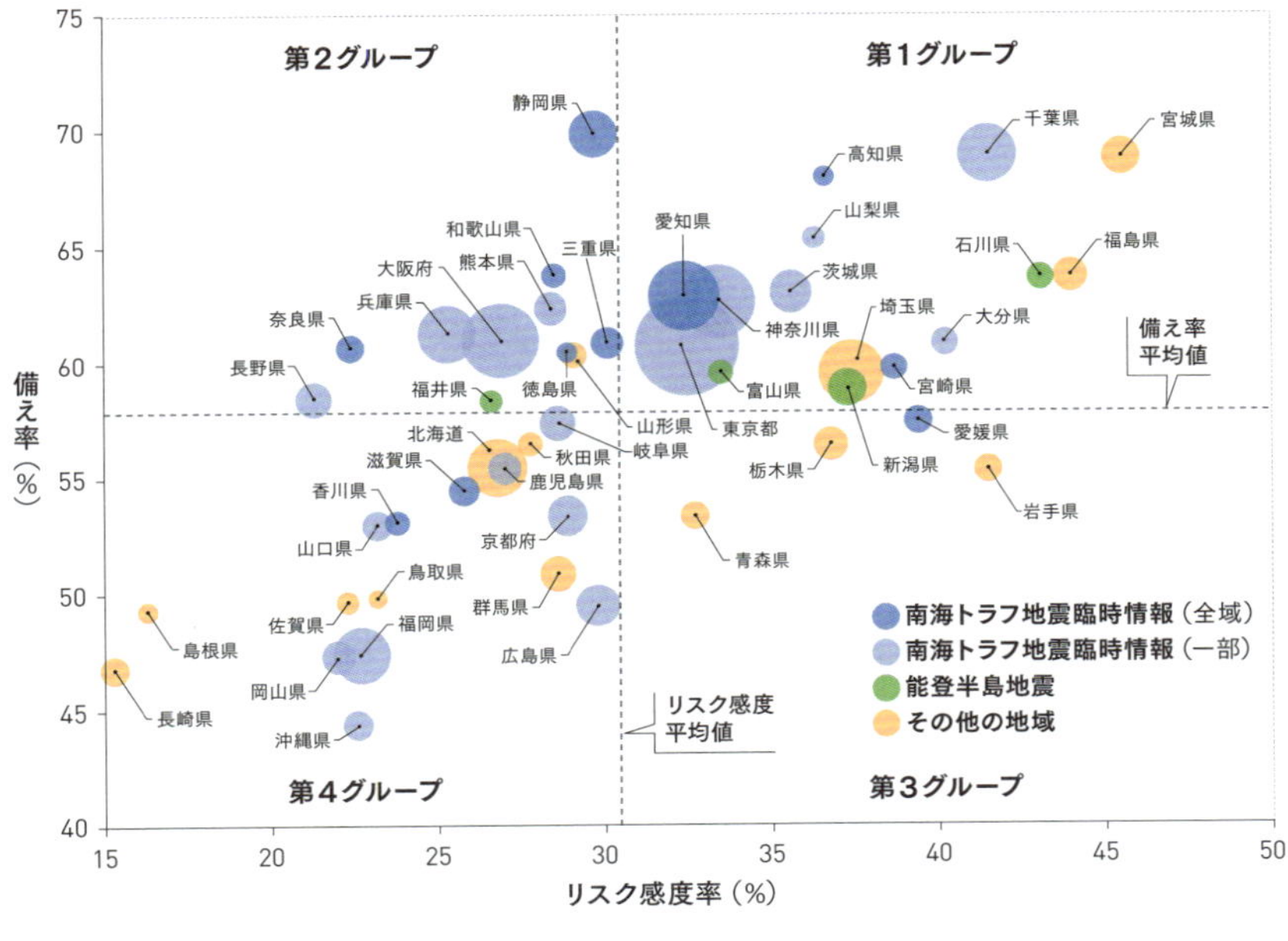

※居住地で震度6弱以上の地震が短期（5年以内）に発生すると思う人の割合（%）。バブルの大きさは、昼間人口
データ：筆者ら独自の「自然災害への備えと復興に関する調査」、昼間人口は「令和2年国勢調査」を使用
対象者：全国20〜79歳男女／サンプルサイズ：n=21,501／調査実施期間：2024年5月

リスク感度が高まることで、「備え率」が上昇することが期待されます。一方で、その他の地域かつ大きな地震の経験がない秋田県、島根県、長崎県には、**震災に対する意識と備えの行動の両面を高める必要があります。**

最後に、どのように危機意識を高め、備えの行動に繋げられるかを考えてみます。「備え率」が1位の静岡県に着目します。静岡県は、1950年以降の震度6弱以上の地震は2回（いずれも2000年代以降）と極端に多いわけではありませんが、複数のプレートが重なり、大きな地震が発生する可能性が長年指摘されています。消防庁によると、静岡県内の市町村が実施した直近の震災総合訓練の参加人員数は、日本全体の2割以上を占めており、全国1位です。さらに、平成24年度以降10年連続1位で、多くの住民が参加しています。行政の啓発事業の成果が「備え率」の高さに表れている好例といえるでしょう。

「備え率」や「リスク感度」のように主観的で捉えにくく、変化するトピックをアンケート調査で直接的に調べた後に、行政記録としてたくさんある客観的な事実（気象情報、災害情報、防災情報）を組み合わせることで、**説得力が増して解像度が上がります。**見たいこと（主役）が、完璧だと分析は楽ですが、たとえ主役はぼんやりしていたり、粗削りだったりしていても、傍証（supporting evidence）をバイプレーヤーのようにこれでもかというふうに重ねて分析するのが、好ましいと思っています。

第7章

効果的な
アンケート調査の極意

いいアンケート、いまいちなアンケート

アンケート調査は最後の手段

本書では、第5章、第6章でアンケート調査を使った分析を紹介しました。買い物、美容院、レストラン、ホテル、オンラインショッピングなどでアンケート調査やレビューに接する機会は数多くあります。ここでは、知りたいことを聞くだけでなく、**グラフを使って分析できるような聞き方**をするにはどうしたらいいかについて考えます。お客さんの行動をグラフ化し、さらに分析して現場の改善や売上アップに貢献するアンケートを作るには？　顧客の意識や行動を変えるには？　**実際のビジネスに活かすための調査の作り方のコツを伝授します。**

アンケート調査は直接顧客の声を聞くことができる強力なツールですが、**まずは客観的な情報やカバー率の高い情報を活用する**ことをおすすめします。客観的な情報とは、単位がある数量データのことで、販売データの量や金額、顧客の人数の推移などです。主観的な顧客満足度

についても、同じ1人でも顧客の1人より、従業員の1人の方が多くの顧客に接しているのでカバー率が高いです。顧客満足度が知りたい場合は、「顧客が満足していたら、どんな行動をとるか」に焦点を当てて、**供給側（企業側）の情報で出来るだけ分析する**ことが望ましいです。顧客に満足度を聞く前に、**「満足したら再来する」、「満足したら来店間隔が短い」、「満足したら客単価が高い」**など、仮説を立てて分析をすることで、満足している顧客と満足していない顧客の特徴が見えてきます。

まずは**ビジネスや業務、業界統計などで客観的な情報を得ることが最優先**で、**顧客の声を聞くのは最後の手段**くらいの気持ちでいましょう。その上で、どうしても直接聞かないとわからないということだけ、アンケート調査をするようにしましょう。直接聞くことがだめだと言っているわけではなく、聞けているようで**バイアスが入り込む余地が多すぎる**ことが問題です。アンケートは、顧客に知りたいことを直接聞ける非常に貴重な機会です。しっかり時間をかけて作成し、集まったらどんな分析をするつもりなのかも織り込んでいきましょう

よく見かけるアンケートの残念な共通点

回答者のバイアス

図57は、飲食店のテーブルの上によくあるアンケートです。このタイプは、入店して利用した人のうち「回答してもいい」と思った人が対象となります。さらに、回答するとポイントを付与する（リワードあり）で回答してもらう場合もあります。もうお気づきだと思いますが、**回答にたどりつくまでにたくさんの「じゃない方」が存在**します。

個人が、入店するかしないか、利用するかしないか、ポイントをもらうかもらわないか、回答をするかしないか、**都度意思決定をする**からです。ポイント（メリット）がなく、卓上に置いてあるアンケート調査に回答する人は、恐らく「感動するほど良いサービスや満足を得て応援したい」か、「非常に不満足なサービスを受けた」のではないかと私は考えてしまいます。

この点を改善できるのが、リサーチャーが設計をして、誰に聞くのかを決めて調査する方法です。企業の顧客名簿から対象者を選ぶこともできますし、調査会社に依頼してモニターに聞くこともできます。標本抽出（サンプリング）といい、企業の顧客名簿から販売額でウェイトをつけて抽出したり、顧客以外の人に対しても都道府県、性別、年代の比率などで調査対象を選定します。本書では、調査票の作り方について説明をするので、この標本抽出については説

図57 よく見かけるアンケート用紙(Before)

問1 レストランのご利用日 年 月 日

問2 ご利用のレストランはどの店舗ですか?(アンケート用紙1枚につき1店舗でお答えください)

①カフェ ②イタリアン ③居酒屋 ④カレー ⑤焼肉 ⑥スイーツ専門店

問3 ご利用レストランについてお聞かせください(○は各一つ)

	非常に満足	満足	やや満足	どちらでもない	やや不満	不満	非常に不満
(1) お食事の内容	1	2	3	4	5	6	7
(2) スタッフの接客	1	2	3	4	5	6	7
(3) 品数	1	2	3	4	5	6	7
(4) お食事の味	1	2	3	4	5	6	7

問4 お気づきの点をご記入ください

図58 同じくらいの分量で改善したもの(After)

本日は当店へのご来店をありがとうございます。
今後のサービスの改善のためのアンケートにご協力ください。

調査目的とお願いは必ず書きましょう

問1 ご利用日時

年 月 日 時頃

問2 ご来店人数をお教えください(○を一つ)

1人 2人 3人 4人 5人以上

問3 お客様についてお聞かせください

ご年齢 歳 お住まい(○を一つ) 市内 同一県内 県外

問4 ご利用のご感想をお聞かせください(○は各一つ)

	非常に不満	不満	どちらでもない	満足	非常に満足
(1) 料理提供までの待ち時間	1	2	3	4	5
(2) お食事の量	1	2	3	4	5
(3) お料理の味	1	2	3	4	5
(4) 店内の広さや居心地の良さ	1	2	3	4	5
(5) スタッフの接客	1	2	3	4	5
(6) 総合評価	1	2	3	4	5

ご協力をありがとうございました。またのお越しをお待ちしています。 — お礼は必ず書きましょう

明しません。

図57のアンケート調査を、改善してみましょう。

選択肢の数

図57は、複数のレストランが入っている商業施設で、実際に見かけたアンケートです。リサーチャーは、集計して分析するので、この調査からどんなふうにデータが得られるかに注目します。図57だと1～7の数値、図58だと1～5の数値を得ることができます。人数で棒グラフを描くと、7本と5本になりますね。正解があるわけではないですが、細かい結果は集計できますが、2択や3択で聞いた結果を5つ、7つと分解することはできません。とはいえ、細か過ぎると「やや不満」と「不満」がどれだけ違うか、そもそも主観的な満足・不満足にさらに主観の「やや」が入ると解釈が難しいので、5つくらいに分けるのが良さそうです。

選択肢の並び順

刻みが決まったら、並びです。日本語は横書きでは左から右に文字を書くので、私たちは左から右に自然に文字を追います。なので、数値は左から右に増える方が見やすいです。図57も図58も数値は左から右に増えています。図57は左から「非常に満足」が始まって右に「非常に不満」、図58は逆の並びになっています。どうすると回答しやすく、分析しやすいでしょうか？

点数は、非常に不満（低）から非常に満足（高）が見やすいし、グラフを描くときも**満足した方がポイントが高いという見せ方ができます**（逆だと、解釈するときにひっくり返さないといけないので、そこで人為的なミスが入りやすいです）。

結論：左から非常に不満（1点）↓非常に満足（5点）

そして、大事なのが**調査票は全てこの並びにすること**です。良くないのが、満足についてはこの順番だけど、「あてはまらない、あてはまる」のときは逆にするというように、順番を変えてしまうことです。調査票内で並びを一致させれば、設問が多くなっても回答者は苦労せず、良くないことから良いこと、低いから高いと**悩まずに答えることができます。**

総合評価を必ず入れる

この2枚の比較で**決定的に分析の質に影響を与えるのが「総合評価」**です。図58の調査は、「個別の調査項目が、総合評価にどう影響を与えるのか」が仮説で、属性（個人情報）とクロス集計して「住んでいる所」、「どんな人」でも違いを見ようとしているのがわかります。

リサーチャー目線で見ると、図57だと、7つの棒グラフや、レストランごとの満足度しか見られないと感じます。利用日を聞いているので、イベントの効果は見られるかもしれません。

一方で、図58は同じような満足度を見る際に、顧客の属性で分析もできそうですし、何より総合評価とそれぞれの満足度の項目との相関係数を計算することができます。つまり、**総合的な満足度の高低に影響を与える項目を見つけることができます。**また、利用日時を聞いているので時間帯の分析ができたり、来店人数と組み合わせてPOSデータと繋げたりできるかもしれません。

役立つ情報を得るための質問項目の工夫

聞きやすい質問から聞く、でも個人情報は慎重に！

聞きやすい質問は、答えやすい質問です。個人であろうと企業であろうと、いきなり売上や年収から聞いて、はっきりと自信をもって答えられる人、答えたい人がどれだけいるでしょうか？　または、ジムで、体重から書き込みたいと思う人がどれだけいるでしょうか？

例えば、調査会社に依頼してモニターに聞く場合、性別、年代、居住地などの基本属性は登録時に既に入手できていることが多く、わざわざ調査項目に入れる必要がない場合が多いです。しかし、**やはり最初は答えやすい質問としてこれら属性をたずねます。**もし属性が必要ない場合は、それ以外で答えやすい質問から入るといいと思います。

紙の調査の場合、試験と同じで、回答を埋められないと気持ち悪さというか嫌な気持ちになってしまいます。オンライン調査だと、回答しないと次に進めない設計が多いです。ですので、最初の方に答えにくい質問があると回答者の脱落が増えてしまいます。「捨て質問」と呼んでいますが、本当に捨てたらもったいないので、「捨て質問」なんだけれど、**活用もできる項目にするのが腕の見せ所**です。

図58の調査票では、年齢と、居住地が市内か同一県内か県外かを聞きました。地元の方が来るのか、遠方の方も来るのかがわかりますね。年齢は年代にしてもいいでしょう。来店人数は、時間帯と組み合わせて、店舗の時間帯別の雰囲気を知れ、メニュー開発に役立てられそうです。通常はPOSシステムを導入しているので、そこで売上、料理・飲み物の種類、個数は完全にわかります。アンケート調査はそこに、**「どんな人たち」が来たかを教えてくれる**ものです。**知りたいことが何かについてしっかり仮説を作ることが大事ですね。**

個人情報保護法の観点から、不要な個人情報は取るべきではないです。特に卓上のアンケートでは、避けましょう。

5問しか聞けないとき何を聞くか

私は仕事柄、他の人が作った調査票をチェックしたり、修正を依頼されることが多いです。

予算が許すのか、気合を入れて調査を設計しすぎて、何十枚もの調査票を持ってくる人がときどきいますが、これはダメです。アンケート調査の回答者は、なるべく短時間で済むことを望みます。量が増えるほど、答える際の集中力が低下するので、各回答の精度が下がる恐れがあり、精度だけでなく回答率も下がる恐れがあります。

もしも、**1問だけ聞けるなら、自分は何を聞きたいのか、考えましょう。**それが、あなたの問いであり、仮説です。その核を決めてから、さすがに1問しか聞けないことはないでしょうから、5問まで増やしてみます。でも、**5問が制約だと思ってください。**強くそう思って、やっと10問以下に収められます。何が言いたいかというと、設問は意識しないとどんどん増えるということです。5問だと思うと、枝分かれも作れないのでいいなと思います。枝分かれは、調査の中で回答者を分割してしまいサンプル数が小さくなるので、最小限にとどめる方がいいです。

誘導になっていないか、シンプルクエスチョンになっているか

アンケート調査は対話ですが、**通常は一往復しかできません。**リサーチャーは、誤解がないように聞きたいことを伝える必要があります。**シンプルクエスチョンを心がけましょう。**わからなくなったら、英語にしてみるといいです。「Is / Are」や「Do / Does」で始まる文章になっていて、「Yes / No」で答えられる質問だったら大丈夫です。これは、**大学院で、論文を書くと**

きのタイトルの決め方でも言われることです。ついつい、「How / What」を使ってスコープを広くしたくなりますが、欲張らずにシンプルに質問を作りましょう。

もう1つ、**聞く順番も大切です。**

質問「ふるさと納税の制度に改善したほうがよいことはありますか？」

↓

不満や、不備について思いを巡らせたり、そういう設問を目にしたりする

↓

質問「ふるさと納税の満足度についてお聞かせください」

↓

不満が高くなる

といった感じです。私はアンケート論の専門家ではありませんが、仕事柄多くの調査票を見ていますし、アンケート分析の講義をしています。調査票の手直しのお手伝いをする際にいうことは、「答える人がイラっとしたらだめですよ」です。理想は、最初から最後まで「あーはいはい」という感じで流れるように進み、「前の質問なんだったっけ？」と遡《さかのぼ》る必要がない順番になっていることです。そして、その上で**スムーズだけど誘導していない**か、近視眼でも俯

瞰でもチェックをしてほしいです。

シングルで聞くか、マルチで聞くか

アンケート調査では、年齢や年収をカテゴリで聞いたり、購入した品目を選択肢で聞いたりします。1つだけ回答することを単一回答と呼び、複数選べることを複数回答と呼びます。英語だとそれぞれSA（Single Answer）、MA（Multiple Answer）と略します。現場では、「シングル」「マルチ」と言ったりします。

1つだけ聞くにしても、「満足したことを1つ選んでください」「一番満足したことを選んでください」のどちらが良いでしょうか。アンケート調査は対話だと書きましたが、一往復しかできません。確実に伝えるためにも、正確に分析するためにも「一番満足したことを選んでください」の方が、工夫があって良いと思います。このように**シングルアンサーで聞くと、「回答者の何%が〜」というシェアの表現がしやすくて分析が楽**です。

また、次のように聞くことで、利用したことがある場合の**現在と過去を分け**、③と④で利用したことがない人を、**知っているか知らないかという認知で分ける**こともできます。

質問「あなたはふるさと納税を利用していますか？」

①利用している

②利用したことがあるが、現在は利用していない
③知っているが、利用したことはない
④知らないし、利用していない

「満足したことを全て選んでください」という、**マルチアンサー形式は、クロス集計を意識した聞き方**だと思います。もし、「どんなことを思っているか全部聞いてみたいから」という理由で、マルチで聞くのはやや無計画です。この場合は、合計すると100％を超えてしまうので、シェアについて説明するときは追加の計算が必要です。

マルチで聞いた回答は棒グラフとクロス集計、一部の回答だけ取り出して散布図などで使用します。個人的な感想ですが、**シングルで聞いた設問の方が、回答者もしっかり選んでいるので分析がしやすい**です。

図59 「排他」の項目を設けた例

Q. ふるさと納税制度への不満や改善点として、当てはまるものをすべてお答えください。

- □ 制度自体が理解しづらい
- □ 返礼品の種類が多すぎる
- □ どの自治体を選べばいいかわからない
- □ ポータルサイトの種類が多すぎる
- □ 自分の寄附金の上限額がわかりにくい
- □ 寄附後の控除の手続きがわかりにくい
- □ 魅力的な返礼品がない
- □ 返礼品の写真と実物が異なる
- □ 自分が住んでいる地域に納税したい（他の地域に寄附したくない）
- □ 制度が頻繁に改正される
- □ その他
- □ 特に不満や改善点はない → 排他の項目

排他のありがたさを知る

ふるさと納税の不満について聞くときに図59のように理由を複数回答（マルチ）で聞いたとします。**排他と呼ばれる項目はこの中では、「特に不満や改善点はない」**です。オンラインアンケートでこの項目を選んだ人はシステムで制御して不満の理由を選べないようにします。これで、満足率（排他を選択した人のシェア）、不満足率（1－満足率）で簡単に計算できます。

枝分かれをなるべく避ける

よくあるのが、「あなたはふるさと納税に満足していますか？」という設問で、満足している人はQ3、していない人はQ5へという枝分かれを作ることです。これをすると、調査票が複雑になりますし、またいつ（どの設問）で合流させるのかも考えなくてはなりません。この枝分かれによって、回答者を取りこぼすことも多いです。その点でも図59のように排他ありのMAに設計して、最初から最後まで全員で同じ設問に答えるというのは良いアイディアだと思います。できるだけ、**多くの人に答えてもらうための工夫ができないか、とことん考える**ことが大事です。

自由記述、その他、「上記にない」などの扱い方

「上記に当てはまるものがない」を入れると、よほどうまく選択肢を作らないと、ほとんどの人が「その他」や「上記にない」を選んでしまう可能性があります。私もときどき、半数もの人が「上記に当てはまるものがない」を選んでしまい、頭を抱えます。「上記にない」、「その他」、「覚えていない」などが、**全ての選択肢の中で一番人数が少ないと調査が上手くいっている**と思って良いでしょう。

その他での自由記述のほかに、アンケートの最後に「お客様のお気づきの点」や「従業員の励みになるので声を聞かせてください」といった自由記述欄を加えることがあります。調査の補完になりますが、統計分析にはそのままは使えません。

近年、生成ＡＩを使うことで情報を整理したり抽出したりすることのコストが下がっています。コメントの種類で回答者をグループ分けすることなんて、あっという間にできます。

でも、今のところ私は、設問の中の「その他」は作りますが、**自由記述欄は自分の調査では作りません。**もちろん、技術が発達して、もっと自由記述欄でいろいろ分析ができる日が来るかもしれませんが、「自由記述欄に記入する」という行動にサンプリングバイアスがかなりあるので、全員が記述してくれるようにならないなら、作らないです（全員にすると回答者の負担が高くなります）。また、どんな回答がくるかわからない不確実性が高い項目に1問割くより、確実に意識調査ができる選択肢の設問を増やします。

調査の質が上がる工夫

どんなグラフを描きどんな分析をするか決めておく

残念な例として、アンケート調査の結果のレポートで、「各設問の下にひたすら棒グラフか円グラフが並ぶ」というのを見たことがあると思います。せっかく調査をしたなら踏み込んだ分析（グラフ）を見たいです。こうならないためにも、調査からどんなグラフを描きたいか、どんな提案をしたいかをあらかじめ決めておきましょう。

仮説をしっかり立て、調査項目を絞り、選択肢を工夫することに時間を費やすと、その時点で調査の成功の確率がどんどん上がります。そうなると**線グラフ**、**棒グラフ**、**円グラフで基礎的なグラフを描くのはスラスラできる**でしょう。この本ではさらに、情報を重ねるグラフを描くことを目指してきました。その**代表例が散布図です**。

「ふるさと納税実態調査」の調査票でも、21個のポータルサイトについて、それぞれ認知度、利用率、満足度を質問し、どれか2つで散布図を描くことを想定して調査票を作りました。どの変数を使えば散布図が描けそうか、バブルの大きさはどの変数にしようかとイメージしました。調査では、「知っている」と答えたサイトについて「利用しているか」を聞き、「利用しているサイトの満足度」を回答してもらいました。図60は、それぞれ、認知度、利用率、満足度として集計しました。この3つをどう散布図で組み合わせるかは、試行錯誤しました。異なる例として、横軸を利用率、縦軸を満足度、バブルサイズを認知度にするのもありです。

この1枚のグラフで、認知度、利用率、満足した人数の大小がわかるの

図60　ふるさと納税ポータルサイト勢力図（認知度・利用率・満足度）

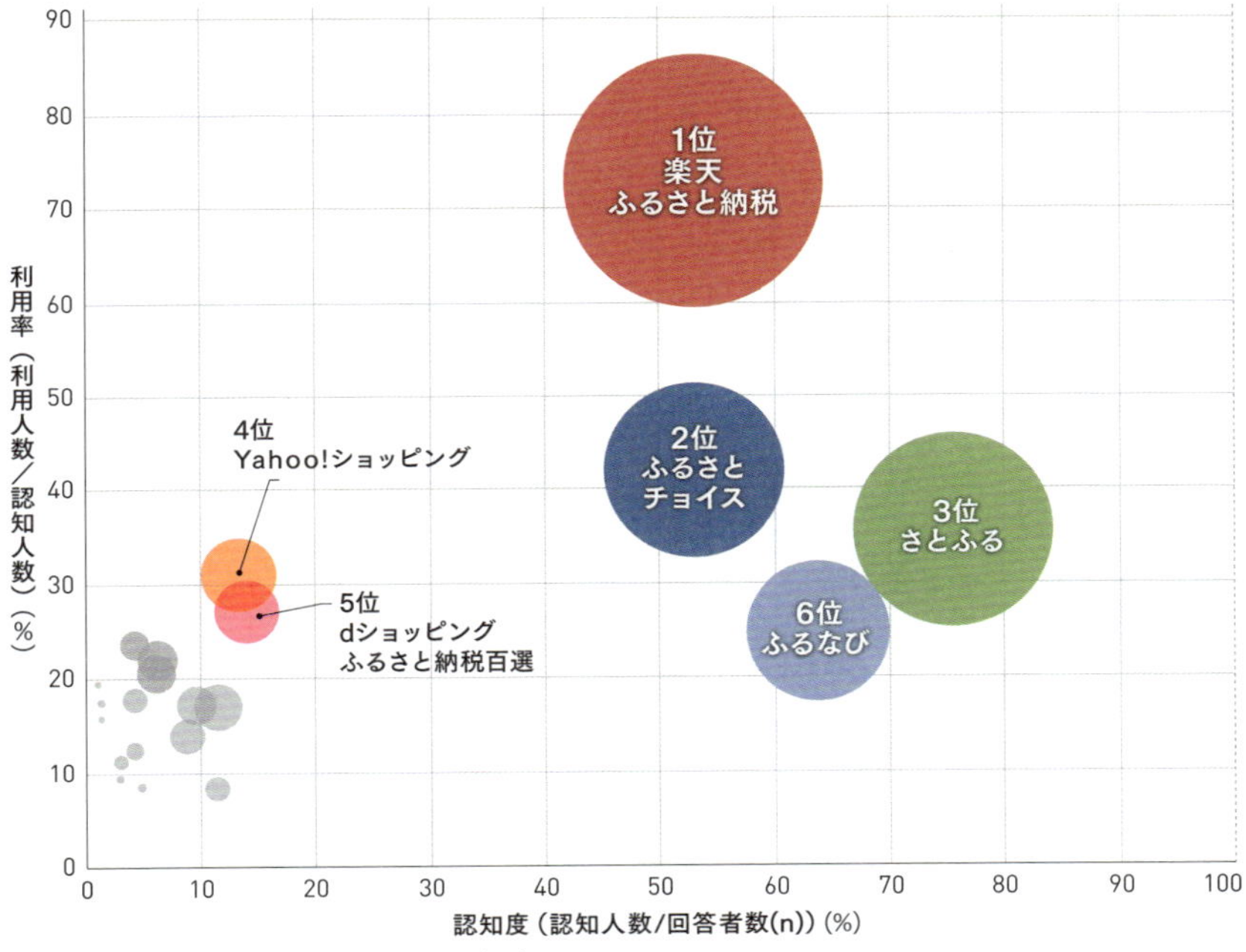

※順位は、利用率。バブルの大きさは、利用者の満足度を表す
データ：筆者ら独自の「ふるさと納税実態調査」を使用
対象者：有職者、年収300万円以上の20〜64歳男女／2023年1月〜12月にふるさと納税で寄附をした人／サンプルサイズ：n=10,860

で、この1つのグラフで引用した人が言いたいことを伝えられます。情報量が上手く詰め込めたグラフでは、**複数の視点での解釈ができ、多くの人たちの目に留まります。**

分析の質を上げるための「じゃない方」

調査票づくりを頑張っていると、詳細に項目を作ることに夢中になります。これはインプットを作りこんでいることになるのですが、**詳細なインプットが活きるためには、いい感じの目的（アウトプット、アウトカム）があることが必須**です。ほとんどすべてのアンケートのアウトカムは「総合評価」、「総合満足度」です。なんとなく違うというときは、「幸福度」や「満足度（Well-being）」を入れるといいでしょう。**多くの人たちが、最終的に気になることが入っていることが分析を高め、調査の評価を高めます。**そして、私ならそんな大事なものは、**一番最後に置きます。**これも決まりがあるわけではないですが、「あなたはいま幸せですか？」と聞いて、詳細がどうか聞いていくと、「ん？　私は幸せかな？」と、途中でなるかもしれません。各項目について満足しているかを聞いて、「(それで、) あなたは幸せですか？」の方が幸せの精度が高いと思います。

また、どんなに注意深く調査票を作っていても、「あ！　これを入れていなかった」ということは起きます。その**「あ！」が起きやすいのが、「じゃない方」についてです。**良い調査結果ほど、調査結果を公表したら、「備えていない人たちはどんな人なの？」「どんな人がふるさと納税しないの？」と聞かれます。ですので、「じゃない方」まで想定して、その人たちを取り込むような質問項目を入れておくと、調査結果に関心を持ってくれる人が2・5倍くらい増えると感じています。

回答者目線になって高い回収率と回答率を実現する

ここまでで説明したことを実践すると、分析がよくできるだけでなく、**自然と回収率と回答率も高くなります。**少ない設問数、リサーチャーの意図が伝わる設問、回答者が悩まずにすらすらと答えられるが、誘導がない流れ、が実践できているからです。私は良い調査は、回答してくださった方にも達成感や気づきがあるものだと思ったりしています。「備え」や「ふるさと納税」の調査を通じて、関心を持ったり、よりよくやってみようかと思ったりしてもらえるといいなと思っています。また、この調査結果を使ってどんな分析がされたのかな？他の参加者の意見も知って自分と比較したいな、と思ってもらえたら最高です。そのためにもリサーチャーは分析結果の公表も頑張る必要があります。貴重な時間と情報を差し出してもらうので、時間を惜しまず設計を頑張りましょう。他部署の同僚にも見てもらい、誰が見てもわかりやすいかのチェックもしましょう。究極のサービス精神で作成し、エンターテインメントを提供するつもりで、調査票を作成すると、よいと思います。副産物としてよいことは、そこまで注力して作ると、リサーチャー自身にも愛着が湧いてきて、分析を頑張ろうと思えることです。結構、調査したことに満足して、分析にすぐに着手できなかったり、熱量が下がったりすることもありますから。

調査票作成時から分析は始まっています。多くのリサーチャーが「早く調査して、長く分析したい」と言いますが、**全体を１００とすると、調査票を作る時間が80、分析が20が理想です。**

あとがき

コロナ禍に入ってすぐの頃、対面のイベントが中止になり、活動の場が少なくなりました。途方に暮れるしかなかったのですが、経済産業研究所の広報担当の佐分利応貴さんと谷本桐子さんは、研究者たちの業績リストを持って、メディアや出版社を数多く訪問してくださりました。

当時のお二人の熱心な活動のおかげで、KADOKAWAの廣瀬暁春さんが私の研究に興味を持ってくださり、本書の企画が始まりました。スタートから約5年弱の間、廣瀬さんは私の言葉を聞き、私の研究、霞が関、統計（データ）界隈の経験の中からユニークな視点や知識を見つけて、驚いたり楽しんだりしてくださいました。少し書いては、「これ（本当に）、面白いですか？」と聞き続け、廣瀬さんの「面白いです」がいくつか貯まった頃から、本にまとめる自信がつきました。サブタイトルの「リサーチャーが永く使える」は、「講義や研修で時間を預けてくれた方々には、長持ちする知識を持ち帰ってほしい」と私が言っていたのを覚えてくださっていたことから、つけられました。この本の読みやすさは、言葉を大切にする廣瀬さんの編集力によるものです。

本書には全部で60もの図があります。原画は私が描きましたが、それらのすべてをコマンド・ジー・デザインの長谷川仁さんが、読みやすいフォントを選び、わかりやすく伝わりやすい色やサイズで線を引き、きれいなグラフに仕上げてくださいました。長年、色彩の勉強をしたいと思いながらもグラフに特化した教科書に出会えずに、苦労していました。今回、長谷川さんとお仕事することで、見やすく伝わりやすいグラフ作りのヒントをたくさんいただきました。また、廣瀬さんとともに、文章とグラフの配置、配色も作り込んでくださいました。本書の見やすさはお二人のご尽力の賜物です。

実証分析の肝はデータです。本書で使用したデータは、いずれも良質です。経済産業研究所に所属し、経済産業省の「ビッグデータプロジェクト」に参加したことで、２０１５年から7年間、参加企業の方たちとの協業の機会を得ることができました。株式会社インテージの宮下裕さん、伊藝直哉さん、ジーエフケーマーケティングサービスジャパン株式会社の水村純一さん、石川斗志樹さん、株式会社Zaimの志賀恭子さん（それぞれの会社名、所属先は当時）とは、コロナ禍の緊迫感の中、データで状況を把握し、社会還元することを目指した同志です。また、株式会社インテージリサーチの伊藝直哉さん、伊藤千恵美さんとは、ふるさと納税と自然災害に対する備えの独自調査を行っています。参考文献に記載している共著者の皆さんは、産官学と所属は異なっても、今後も私にとって志を同じくするとても大切なチームメンバーです。

執筆中には誰に何を伝えたいかを何度も考えました。そのときに浮かんだのは、今まで講義や研修を受けてくれた方たちです。日本では統計学を学ぶことはまだまだ当たり前ではありません。初めて受講される方、2回目の方が多い中、限られた時間でどうしたら伝わるか、身につくかを考え続ける機会を教えの場で得ることができました。特に私自身が「?」になった場所を、徹底的に色んな言葉で伝える努力を25年近くしています。大学では論文、社会人向けにはレポートやプレゼン資料作りに役立つことを念頭に置き、「実践的で役立つ」や「しっかり基礎から学べた」と高評価をいただいています。本書は、講義と同じように、楽しく、わかりやすく、大事なステップを繰り返すことで、気づいたらしっかり足腰が強くなり、それぞれの専門で力を発揮できることを目指して書きました。

本書の冒頭で、グラフや表は分析の最後の段階だけでなく、統計を使って仕事をしている人たちは、最初からグラフを描き始めると伝えました。

つまり、**アウトプットが大事です。**

英会話、絵画、料理、ヨガ、テニス、バレエ、書道、ピアノ……（思いつく限りの習い事を挙げてみました）も、アウトプットが大事ですね。本書で知識をたくさん手に入れたなら、どんどん描いて出す練習をしてください。私も日々、無造作に描いてしまい、「あちゃ、だめだ」と言っています。

でも！　いまいちなグラフをたくさん描く中から、データと手法がぴったり合った自信作が生まれます。料理家のレシピ集、写真家の写真集、モデルの方たちのスタイルブック、デザイナーのポートフォリオのように、転職や、商談のときの自己紹介で、「こんなグラフを描いています」とグラフ集を見せる日も来るかもしれません。

本書を最後まで読んでくださった皆さんは、自動的に脳内でステップをこなしているはずです。あとは、データをパソコンに取り込んで、手を動かすだけです。グラフでデータの特徴を取り出して、「なるほどね」や「えー！　そうきたか」と心を動かす時間を楽しんでください！

2024年12月　　　　　　　　　　　　　　小西葉子

THE DATA HOLDS THE ANSWER
TIMELESS VISUAL ANALYSIS METHODS for RESEARCHERS

参考文献・資料

第1章

◆小西葉子・伊藝直哉・伊藤千恵美「ふるさと納税の現在地 ～２つの調査結果より」、ＲＩＥＴＩコラム、２０２３年【図10】
https://www.rieti.go.jp/jp/columns/a01_0738.html

◆小西葉子「２０２２年度 中小企業の日に寄せて ―コロナ禍での中小企業の声を聴く：中小企業景況調査の活用」、ＲＩＥＴＩコラム、２０２２年【図11】
https://www.rieti.go.jp/jp/columns/a01_0699.html

第2章

◆小西葉子・齋藤敬・伊藝直哉・宮下裕・山本直人「消費ビッグデータで記録するコロナ禍3年間の生活」、RIETI Discussion Paper, 23-J-028, 2023.【図12、図18、図19、図20】
https://www.rieti.go.jp/jp/publications/dp/23j028.pdf

◆ランククロックが提案された論文は Batty, Michael, "Rank clocks," *Nature*, Vol 444, pp. 592-596, 2006.【図20】

◆Konishi, Yoko, Takashi Saito, Hajime Kanai, Naoya Igei, Junichi Mizumura, Kyoko Shiga, Keita Sueyasu, and Ryosuke Hamaguchi. "Change from the COVID-19 Pandemic to a New Normal: Documenting Consumption Behavior of Two Years with Big Data," *Asian Economic Papers*, Volume 23, Issue 1, 140–169, 2024.【図13】

◆小西葉子・齋藤敬・金井肇・伊藝直哉・水村純一・志賀恭子・末安慶太・濱口凌輔「コロナ禍での混乱から新たな日常への変化：消費ビッグデータで記録する2年間」、RIETI Discussion Paper, 22-J-006, 2022.【図14、図15、図16、図17】
https://www.rieti.go.jp/jp/publications/dp/22j006.pdf

第3章

◆小西葉子・齋藤敬・金井肇・伊藝直哉・水村純一・志賀恭子・末安慶太・濱口凌輔「コロナ禍での混乱から新たな日常への変化：消費ビッグデータで記録する2年間」, RIETI Discussion Paper, 22-J-006, 2022.【図21、図22、図23、図29】
……→https://www.rieti.go.jp/jp/publications/dp/22j006.pdf

◆小西葉子「２０２２年度　中小企業の日に寄せて　―コロナ禍での中小企業の声を聴く：中小企業景況調査の活用」、ＲＩＥＴＩコラム、２０２２年【図25、図26、図27、図28】
……→https://www.rieti.go.jp/jp/columns/a01_0699.html

第4章

◆非負値行列因子分解（ＮＭＦ）の分析は、滋賀大学データサイエンス学部の佐藤健一先生のＲパッケージとウェブページが解析例もソースコードもあり大変参考になります。【図35、図36、図37】
……→https://github.com/ksatohds/nmfkc/

第5章

◆小西葉子・伊藝直哉・伊藤千恵美「自治体・返礼品ランキングからみるふるさと納税　～ふるさと納税実態調査②～」、インテージ「知るギャラリー」２０２３年12月12日公開記事【図38、図39】
……→https://gallery.intage.co.jp/furusato-nozei2023-2/

◆小西葉子・伊藝直哉・伊藤千恵美「もっと知りたい！　ふるさと納税　いつにする？　どこにする？　なににする？　～ふるさと納税実態調査④～」、インテージ「知るギャラリー」２０２４年12月6日公開記事【図40】
……→https://gallery.intage.co.jp/furusato-nozei2024-2/

◆小西葉子・伊藝直哉・伊藤千恵美「ふるさと納税1万人調査！　利用者の本音と最新トレンド　～ふるさと納税実態調査③～」、インテージ「知るギャラリー」２０２４年11月12日公開記事【図41、図42】
……→https://gallery.intage.co.jp/furusato-nozei2024-1/

◆小西葉子・伊藝直哉・伊藤千恵美「ふるさと納税の現在地 ～2つの調査結果より」、ＲＩＥＴＩコラム、２０２３年【図43】

……▸https://www.rieti.go.jp/jp/columns/a01_0738.html

◆小西葉子・小川光・伊藝直哉・伊藤千恵美「ふるさと納税におけるワンストップ特例制度の効果検証：寄附先の集中と制度の満足度に与える影響」, RIETI Discussion Paper, 24-J-009, 2024.【図44、図45、図46】

……▸https://www.rieti.go.jp/jp/publications/dp/24j009.pdf

第6章

◆小西葉子・齋藤敬・金井肇・伊藝直哉・水村純一・志賀恭子・末安慶太・濱口凌輔「コロナ禍での混乱から新たな日常への変化：消費ビッグデータで記録する2年間」, RIETI Discussion Paper, 22-J-006, 2022.【図51、図52】

……▸https://www.rieti.go.jp/jp/publications/dp/22j006.pdf

◆小西葉子・伊藝直哉・伊藤千恵美「みんなの「備え」のいまを知る ～「自然災害への備えと復興に関する調査」①～」、インテージ「知るギャラリー」２０２４年8月20日公開記事【図53、図55、図56】

……▸https://gallery.intage.co.jp/bousai2024-2/

第7章

◆小西葉子・伊藝直哉・伊藤千恵美「ふるさと納税1万人調査！ 利用者の本音と最新トレンド ～ふるさと納税実態調査③～」、インテージ「知るギャラリー」２０２４年11月12日公開記事【図60】

……▸https://gallery.intage.co.jp/furusato-nozei2024-1/

オープンソースデータ

◆世界銀行「The Global Findex Database 2021」【1章：図9／6章：図47、図48】
……▸ https://www.worldbank.org/en/publication/globalfindex/Data/

◆独立行政法人中小企業基盤整備機構「中小企業景況調査」【1章：図11／3章：図25、図26】
……▸ https://www.smrj.go.jp/research_case/survey/

◆経済産業省「ＭＥＴＩ ＰＯＳ小売販売額指標［ミクロ］」【2章：図14、図15、図16／3章：図21、図24、図29】
……▸ https://www.meti.go.jp/statistics/bigdata-statistics/bigdata_pj_2019/pos_gfk_intage_renewal.html

◆厚生労働省「データからわかる―新型コロナウイルス感染症情報―」【2章：図17／3章：図27、図28】
……▸ https://covid19.mhlw.go.jp/extensions/public/index.html

◆総務省「令和２年国勢調査」【3章：図28／6章：図56】
……▸ https://www.stat.go.jp/data/kokusei/2020/index.html

◆日本政府観光局（ＪＮＴＯ）「訪日外客統計」【4章：図31】
……▸ https://www.jnto.go.jp/statistics/data/visitors-statistics/

◆観光庁「宿泊旅行統計調査」【4章：図32、図33、図34、図35、図36、図37】
……▸ https://www.mlit.go.jp/kankocho/tokei_hakusyo/shukuhakutokei.html

◆総務省「ふるさと納税に関する現況調査結果」令和５年度実施【5章：図38】
……▸ https://www.soumu.go.jp/main_content/000897129.pdf

◆内閣府「南海トラフ地震防災対策推進地域指定市町村一覧」【6章：図55】
……▸ https://www.bousai.go.jp/jishin/nankai/pdf/nankaitrough_shichouson.pdf

（２０２４年12月20日アクセス）

PROFILE

小西 葉子

こにし ようこ

独立行政法人経済産業研究所（RIETI）上席研究員。2003年名古屋大学経済学研究科博士後期課程修了（博士号取得）。専門は計量経済学。統計学の手法を用いて民間ビッグデータの整備・活用を推進し、統計的手法を用いた経済変動や需要・供給の分析、エビデンスに基づく政策立案（EBPM）を研究。

答《こた》えはデータの中《なか》にある

リサーチャーが永《なが》く使《つか》えるビジュアル分析手法《ぶんせきしゅほう》

2025年2月20日　初版発行

著者／小西 葉子《こにし ようこ》
発行者／山下 直久
発行／株式会社KADOKAWA
〒102-8177 東京都千代田区富士見2-13-3
電話 0570-002-301（ナビダイヤル）
印刷所／TOPPANクロレ株式会社
製本所／TOPPANクロレ株式会社

お問い合わせ
https://www.kadokawa.co.jp/（「お問い合わせ」へお進みください）
※内容によっては、お答えできない場合があります。
※サポートは日本国内のみとさせていただきます。
※Japanese text only

定価はカバーに表示してあります。

ISBN 978-4-04-109759-5　C0033